国家统一法律职业资格考试系列丛书

图书在版编目（CIP）数据

胡志斌解金题．刑诉法篇/胡志斌编著．—北京：
中国石化出版社，2019.4
ISBN 978-7-5114-5287-0

Ⅰ.①胡…Ⅱ.①胡…Ⅲ.①刑事诉讼法—中国—资
格考试—习题集Ⅳ.①D92-44

中国版本图书馆 CIP 数据核字（2019）第 063434 号

中国石化出版社出版发行

地址：北京市朝阳区吉市口路 9 号
邮编：100020　电话：(010) 59964500
发行部电话：(010) 59964526
http://www.sinopec-press.com
E-mail：press@sinopec.com
新乡市春风印务有限公司
全国各地新华书店经销

*

787×1092 毫米 16 开本 8.5 印张 200 千字
2019 年 4 月第 1 版　2019 年 4 月第 1 次印刷
定价：32.00 元

前 言

教学是开发内化的过程，教师以传道、授业、解惑来开启学生的智慧，而学生则通过听课、练习和反思将所学的知识内化成独立解决实际问题的能力。法律职业资格考试是选拔法律实务人才的资格性考试，熟悉现行法律法规、掌握立法原理并能够准确地运用于解决具体法律案件，是考试命题的基本方向。备战法考自然应当遵循这些客观规律，以解题得分为导向，采取针对性的学习方法，才能充分利用有限的时间达到最佳复习效果，确保顺利通过考试。历年考试真题作为往年命题的“历史经验”，对于准确把握法律职业资格考试的命题趋势、精确检测学习效果和提高解题得分能力，具有不可替代的作用。根据笔者多年对律考、司考和法考的观战，笔者认为对于应试能力的培养和提升，基本规律是：理解是基础，记忆是关键，刷题是保障。在对知识进行系统强化之后，考试能力的提升不是靠死记硬背考点和法条，而是适当的刷题选练。可以说，法考通关不是背过关的，而是刷题刷过关的。在茫茫题海中，如何选择高质量的题目进行刷题训练，这是很多考生关心的现实问题。不容置疑的是，我们在刷题训练时，应当首选历年真题反复进行演练，这既能检验考生的学习效果，又能让考生在反复训练中适应真题，并摸透命题老师的出题套路。鉴于法律、司法解释和司法文件不断立、改、废、释，这又需要我们善于筛选尚有训练价值的历年真题，同时还要针对立法、司法的新变化，做相应的预测性模拟选练。

正是基于上述考虑，我们编撰了2019年国家统一法律职业资格考试《名师解金题》系列。本书收录并解析了近年来有价值的司考和法考真题，并包含了部分仿真金题，以供考生备考选练使用。为了便于考生自学、自测、自检，本书的编撰体例与“主客一体包”的章节完全匹配。同时，本书还对每一道金题进行了详细的解析。希望考生不要仅仅满足于做对题，真题训练最重要的工作是做题后的考点总结。做完题要善于反思，从这道真题中究竟收获了什么。从真题的解析中掌握背后真正的考点，挖掘考点之间的内在联系，掌握其中蕴含的法学原理，才能真正榨干真题的价值。只有明确了做真题的收获所在，才能真正体现我们鏖战真题的价值。

无数次跌倒后的领悟，便是成功。每一次真题实战都是向着成功迈出的真实一步，每一个考点的掌握都是朝着通关又近了一分，明天的你一定会感激今天努力的自己。微笑，忍耐，进步！

目　录

第一章　刑事诉讼法概述

第一节　刑事诉讼法概述

1. 刑事诉讼法的独立价值之一是具有影响刑事实体法实现的功能。下列哪些选项体现了这一功能？（　　）（2016－2－64，多选）
   A. 被告人与被害人达成刑事和解而被法院量刑时从轻处理
   B. 因排除犯罪嫌疑人的口供，检察院作出证据不足不起诉的决定
   C. 侦查机关对于已超过追诉期限的案件不予立案
   D. 只有被告人一方上诉的案件，二审法院判决时不得对被告人判处重于原判的刑罚
2. 刑事诉讼法具有保障刑法实施方面的价值，下列哪一选项体现了这一价值？（　　）（模拟题）
   A. 中国公民甲在美国抢劫被当地法院判处3年有期徒刑，刑满释放回国后被公安机关立案侦查，检察院审查起诉时，对甲作出不起诉的决定
   B. 乙涉嫌盗窃，因排除其口供，检察院作出证据不足不起诉的决定
   C. 法院作出无罪判决后，检察院无新事实或新证据再次起诉后，法院将案件退回检察院
   D. 法院审理丁强奸案时决定不公开审理
3. 关于“宪法是静态的刑事诉讼法、刑事诉讼法是动态的宪法”，下列哪些选项是正确的？（　　）（2014－2－64，多选）
   A. 有关刑事诉讼的程序性条款，构成各国宪法中关于人权保障条款的核心
   B. 刑事诉讼法关于强制措施的适用权限、条件、程序与辩护等规定，都直接体现了宪法关于公民人身、住宅、财产不受非法逮捕、搜查、扣押以及被告人有权获得辩护等规定的精神
   C. 刑事诉讼法规范和限制了国家权力，保障了公民享有宪法规定的基本人权和自由
   D. 宪法关于人权保障的条款，都要通过刑事诉讼法保证刑法的实施来实现

第二节　刑事诉讼的基本理念

1. 关于刑事诉讼的效率原则，下列说法正确的是（　　）？（模拟题）
   A. 扩大陪审员审理案件范围
   B. 因证人在国外，短期之内无法回国，法官准许其不出庭作证
   C. 法律援助机构指派值班律师到看守所为嫌疑人提供法律援助
   D. 对在看守所的犯人采取远程视频审讯
2. 社会主义法治公平正义的实现，应当高度重视程序的约束作用，避免法治活动的任意性和随意化。据此，下列哪一说法是正确的？（　　）（2014－2－22，单选）
   A. 程序公正是实体公正的保障，只要程序公正就能实现实体公正

B. 刑事程序的公开与透明有助于发挥程序的约束作用

C. 为实现程序的约束作用，违反法定程序收集的证据均应予以排除

D. 对复杂程度不同的案件进行程序上的繁简分流会限制程序的约束作用

3. 关于《刑事诉讼法》“尊重和保障人权，保护公民的人身权利、财产权利、民主权利和其他权利”的规定，下列哪一选项是正确的？（　　）（2012—2—22，单选）

A. 体现了以人为本、保障和维护公民基本权利和自由的理念

B. 体现了犯罪嫌疑人、被告人权利至上的理念

C. 体现了实体公正与程序公正并重的理念

D. 体现了公正优先、兼顾效率的理念

第三节　刑事诉讼的基本范畴

1. 关于我国刑事诉讼构造，下列哪一选项是正确的？（　　）（2017—2—22，单选）

A. 自诉案件审理程序适用当事人主义诉讼构造

B. 被告人认罪案件审理程序中不存在控辩对抗

C. 侦查程序已形成控辩审三方构造

D. 审查起诉程序中只存在控辩关系

2. 关于刑事诉讼价值的理解，下列哪一选项是错误的？（　　）（2015—2—22，单选）

A. 公正在刑事诉讼价值中居于核心的地位

B. 通过刑事程序规范国家刑事司法权的行使，是秩序价值的重要内容

C. 效益价值属刑事诉讼法的工具价值，而不属刑事诉讼法的独立价值

D. 适用强制措施遵循比例原则是公正价值的应有之义

3. 关于刑事诉讼构造，下列哪一选项是正确的？（　　）（2014—2—24，单选）

A. 刑事诉讼价值观决定了刑事诉讼构造

B. 混合式诉讼构造是当事人主义吸收职权主义的因素形成的

C. 职权主义诉讼构造适用于实体真实的诉讼目的

D. 当事人主义诉讼构造与控制犯罪是矛盾的

4. 在刑事司法实践中坚持不偏不倚、不枉不纵、秉公执法原则，反映了我国刑事诉讼“惩罚犯罪与保障人权并重”的理论观点。如果有观点认为“司法机关注重发现案件真相的立足点是防止无辜者被错误定罪”，该观点属于下列哪一种学说？（　　）（2013—2—22，单选）

A. 正当程序主义　　B. 形式真实发现主义

C. 积极实体真实主义　　D. 消极实体真实主义

5. 关于刑事诉讼的秩序价值的表述，下列哪些选项是正确的？（　　）（2012—2—64，多选）

A. 通过惩罚犯罪维护社会秩序

B. 追究犯罪的活动必须是有序的

C. 刑事司法权的行使，必须受到刑事程序的规范

D. 效率越高，越有利于秩序的实现

参考答案及解析

第一节 刑事诉讼法概述

1. 【答案】ABD

【解析】A选项的法院从轻处理、B选项的检察院作出证据不足不起诉决定、D选项的上诉不加刑，其行为的法律依据均为刑诉法中的规定，而非刑法，体现的均为独立价值。C选项的追诉期限即追诉时效问题属于刑法规定的内容，体现的是刑诉法的工具价值，即保障刑法实现的功能，不选择。本题答案是A、B、D。

2. 【答案】A

【解析】A选项"不起诉"的依据是刑法中有关中国公民在国外犯罪的罪责刑的规定，属于刑诉法的工具价值，符合题意。B、C、D的依据不是刑法的规定，而是刑诉法自身的规定，属于独立价值，不符合题意，不选择。本题答案是A。

3. 【答案】ABC

【解析】刑事诉讼法与宪法的关系，一方面体现为其在宪法中的重要地位，以至于宪法关于程序性条款的规定成为法治国家的基本标志，有关刑事诉讼的程序性条款在宪法条文中具有重要地位，这些体现法治主义的有关刑事诉讼的程序性条款，构成了各国宪法或宪法性文件中关于人权保障条款的核心。A项正确。各国刑事诉讼法律规范中有关强制措施的适用权限、条件、程序，羁押期限，辩护，侦查、审判的原则与程序等规定，都直接体现了宪法或宪法性文件关于公民人身、住宅、财产不受非法搜查、逮捕、扣押以及犯罪嫌疑人、被告人有权获得辩护等规定的精神。B项正确。刑事诉讼直接涉及公民的基本权利特别是人身自由，所以必须对国家在刑事诉讼中的权力予以限制。刑事诉讼法就是调整和平衡国家打击犯罪和保障公民人身自由等基本权利相互关系的法律，从而承担防止司法权滥用而保障公民人身自由等基本权利的任务。C项正确。D错误的原因在于，宪法中关于人权的保障不仅需要通过刑诉法保障刑法的实施来实现，也需要通过自身的规定来实现，还需要通过其他部门法（如民法、行政法等）来实现。因此，本题答案是A、B、C。

第二节 刑事诉讼的基本理念

1. 【答案】BD

【解析】人民陪审是司法民主的体现，也是坚持走群众路线诉讼原则的要求，与诉讼效率无关，A错误。B选项的"短期无法回国"包含着时间要素，表明法院审判活动因受审判期间或诉讼效率的约束。因此，准许证人不出庭作证，体现了诉讼效率原则的要求，B正确。值班律师提供法律帮助体现的是辩护制度的要求，是对犯罪嫌疑人诉讼权利保障的需要，与诉讼效率没有直接关系，C错误。就D选项而言，采用远程审讯，而不利用实体性法庭进行审判，是出于司法资源节约的考虑，符合诉讼效率原则的要求，D正确。本题答案是B、D。

2. 【答案】B

【解析】程序公正是实体公正的保障，只有实现了程序公正，才能在宏观上保障实体公正的实现。即使做到了程序公正，实体也可能不公正，例如，审判人员在定罪量刑实体法适用上故意枉法裁判。A 错误。程序正义包括中立性、公开性、参与性等，如果程序公开透明，可以防止暗箱操作，保证程序公正对实体结果的约束作用，B 正确。非法获得物证、书证并非绝对排除，C 错误。对复杂程度不同的案件实行繁简分流的程序设计，可以提高诉讼的效率，与程序约束作用并无直接关联，故 D 错误。本题答案是 B。

3. 【答案】A

【解析】尊重和保障人权的规定体现了以人为本、保障和维护公民基本权利和自由的理念。A 正确。保障人权的对象除了犯罪嫌疑人、被告人，还包括被害人以及其他诉讼参与人，而人权是平等的，不存在谁的人权至上问题，B 错误。C、D 本身表述没有错误，但是，与题干没有任何关系，所答非所问，均错误，不选择。本题选答案是 A。

第三节　刑事诉讼的基本范畴

1. 【答案】D

【解析】我国刑事诉讼构造具有典型的职权主义特征，1996 年、2012 年、2018 年三次刑诉法的修改都在吸收当事人主义的合理因素，进行以审判为中心的控辩式诉讼改革。不管公诉案件，还是自诉案件，目前主要都还是职权主义诉讼结构，A 错误。在被告人认罪案件的审理程序中，对被告人量刑问题的审理仍然存在控辩对抗的因素，B 错误；侦查阶段尚未形成控辩审三方构造，只存在侦查机关（广义的控诉者）和犯罪嫌疑人的对抗，没有中立的裁判者，C 错。本题答案是 D。

2. 【答案】C

【解析】刑事诉讼价值包括秩序、公正、效益，其中公正价值居于核心地位，A 正确。国家刑事司法权的行使，必须受到刑事程序的规范，强调的就是刑事诉讼活动遵循规则，而遵循规则就是追求诉讼活动的秩序性，做到有条不紊，这本身就是秩序价值的体现。B 正确。秩序、公正和效益既是刑事诉讼的独立价值，也是其工具性价值。C 错误。针对轻重不同的犯罪行为，刑事诉讼强制措施有轻重缓急之分，遵循的就是比例原则，这种制度设计的本身彰显了强制措施的程序正义性，D 正确。本题答案是 C。

3. 【答案】C

【解析】刑事诉讼价值观只是对刑事诉讼构造产生影响的一个重要因素，而不是决定性的因素，A 不准确。混合式诉讼构造以日本为典型，是在职权主义背景下大量吸收当事人主义因素而形成的，B 错误。职权主义诉讼将诉讼的主动权委于国家专门机关，适用于实体真实的诉讼目的，C 正确。当事人主义诉讼构造尽管总体上适用于保障人权的诉讼目的，但与控制犯罪也不是矛盾关系，D 错误。本题答案是 C。

4. 【答案】D

【解析】正当程序主义是指刑事诉讼的目的不单是发现实体真实，更重要的是以公平与合乎正义的程序来保护被告人的人权。形式真实发现主义是指审判者根据当事人之间无争议的事实，或只根据当事人提出的证据，无须经法官依职权调查，即认定为真实。“实体真实发现主义”的对称。为实行当事人主义的英美法系国家所采用。通常适用于民事诉讼，但在一定条件下，也适用于刑事诉讼。即只要控诉方提出的犯罪事实、证据，经法庭对证人的交叉询问，以及双方的辩论，认为已无合理怀疑，法官无需再调查核实，即可认定为真实。积极实体真实主义，是指凡是出现了犯罪，都应毫无遗漏地加以发现、认定并予以处罚；消极实体真实主义则是指刑事诉讼应力求避免处罚无辜。因此，D正确，A、B、C表述均错误。本题答案是D。

5. **【答案】** ABC

【解析】 通过惩罚犯罪维护社会秩序，体现的是刑事诉讼的工具性价值。刑事诉讼程序本身要遵守法定程序，实现刑事诉讼的程序公正。A、B、C选项正确。公正第一，效率第二，效率高有可能会牺牲公正，因此，并非效率越高越有利于秩序的实现。D选项错误。本题答案是A、B、C。

第二章　刑事诉讼法的基本原则

1. 未成年人甲故意伤害乙致其轻伤，被追究刑事责任后，甲十分后悔，在侦查、审查起诉和审判阶段均承认自己的罪行，表示愿意接受处罚，关于本案，下列说法正确的是（　　）？（模拟题）

   A. 公安机关、人民检察院、人民法院都有义务告知甲享有的诉讼权利和认罪认罚的法律规定

   B. 法律援助机构应当为甲指派值班律师

   C. 甲无需签订认罪认罚具结书

   D. 法院应当对甲作出从宽处罚的判决

2. 高某因盗窃被依法逮捕，在审查起诉阶段，法律援助机构依法为高某指派值班律师胡某为其服务。关于本案说法，正确的是（　　）？（模拟题）

   A. 胡某可以申请检察院将高某的强制措施变更为取保候审

   B. 胡某认为侦查机关对高某存在刑讯逼供行为，可以申请排除胡某的供述

   C. 胡某可以对高某罪名、从宽处罚以及适用速裁程序提出建议

   D. 高某签署认罪认罚具结书时，胡某可以在场

3. 甲因抢夺乙的财物被依法逮捕，在审查起诉阶段，甲认罪认罚，并依法签署认罪认罚具结书，检察院在向法院起诉时提出了对甲 3 年以下的量刑建议。法院审理查明，甲在抢夺过程中因对乙实施暴力才得以逃脱犯罪现场的事实，以抢劫罪判决甲 4 年有期徒刑，下列关于法院审判活动说法正确的是（　　）？（模拟题）

   A. 虽然甲在审查起诉阶段签署了认罪认罚具结书，法院仍可以告知甲享有的诉讼权利和认罪认罚的法律规定

   B. 法院应当审查认罪认罚具结书内容的真实性、关联性和合法性

   C. 法院判处甲 4 年有期徒刑符合法律规定

   D. 法院经审理认为检察院量刑建议明显不当的，检察院应当调整量刑建议

4. 二审法院发现一审法院的审理违反《刑事诉讼法》关于公开审判、回避等规定的，应当裁定撤销原判、发回原审法院重新审判。关于该规定，下列哪些说法是正确的？（　　）（2012—2—65，多选）

   A. 体现了分工负责、互相配合、互相制约的原则

   B. 体现了严格遵守法定程序原则的要求

   C. 表明违反法定程序严重的，应当承担相应法律后果

   D. 表明程序公正具有独立的价值

5. 关于犯罪嫌疑人、被告人有权获得辩护原则，下列哪些说法是正确的？（　　）（2011—2—64，多选）

   A. 在任何情况下，对任何犯罪嫌疑人、被告人都不得以任何理由限制或者剥夺其辩护权

B. 辩护权是犯罪嫌疑人、被告人最基本的诉讼权利，有关机关应当为每个犯罪嫌疑人、被告人免费提供律师帮助

C. 为保障辩护权，任何机关都有为犯罪嫌疑人、被告人提供辩护帮助的义务

D. 辩护不应当仅是形式上的，而且应当是实质意义上的

6. 关于检察院侦查监督，下列哪些选项是正确的？（　　）（2010－2－69，多选）

A. 发现侦查人员杨某和耿某以欺骗的方法收集犯罪嫌疑人供述，立即提出纠正意见，同时要求侦查机关另行指派除杨某和耿某以外的侦查人员重新调查取证

B. 发现侦查人员伍某等人以引诱的方法收集犯罪嫌疑人供述，只能要求侦查机关重新取证，不能自行取证

C. 发现侦查人员邵某有刑讯逼供行为，且导致犯罪嫌疑人重伤，应当立案侦查

D. 甲县检察院可派员参加甲县公安局对于重大案件的讨论，无权参与甲县公安局的其他侦查活动

7. 某市发生一起社会影响较大的绑架杀人案。在侦查阶段，因案情重大复杂，市检察院提前介入侦查工作。检察官在开展勘验、检查等侦查措施时在场，并就如何进一步收集、固定和完善证据以及适用法律向公安机关提出了意见，对已发现的侦查活动中的违法行为提出了纠正意见。关于检察院提前介入侦查，下列哪些选项是正确的？（　　）（2017－2－64，多选）

A. 侵犯了公安机关的侦查权，违反了侦查权、检察权、审判权由专门机关依法行使的原则

B. 体现了分工负责，互相配合，互相制约的原则

C. 体现了检察院依法对刑事诉讼实行法律监督的原则

D. 有助于严格遵守法律程序原则的实现

8. 社会主义法治要通过法治的一系列原则加以体现。具有法定情形不予追究刑事责任是《刑事诉讼法》确立的一项基本原则，下列哪一案件的处理体现了这一原则？（　　）（2014－2－23，单选）

A. 甲涉嫌盗窃，立案后发现涉案金额 400 余元，公安机关决定撤销案件

B. 乙涉嫌抢夺，检察院审查起诉后认为犯罪情节轻微，不需要判处刑罚，决定不起诉

C. 丙涉嫌诈骗，法院审理后认为其主观上不具有非法占有他人财物的目的，作出无罪判决

D. 丁涉嫌抢劫，检察院审查起诉后认为证据不足，决定不起诉

9. 被告人刘某在案件审理期间死亡，法院作出终止审理的裁定。其亲属坚称刘某清白，要求法院作出无罪判决。对于本案的处理，下列哪些选项是正确的（　　）？（2013－2－74，多选）

A. 应当裁定终止审理

B. 根据已查明的案件事实和认定的证据，能够确认无罪的，应当判决宣告刘某无罪

C. 根据刘某亲属要求，应当撤销终止审理的裁定，改判无罪

D. 根据刘某亲属要求，应当以审判监督程序重新审理该案

参考答案及解析

1. 【答案】A

【解析】按照新刑诉法的规定，公安机关、人民检察院、人民法院都有职责告知犯罪嫌疑人、被告人享有的诉讼权利和认罪认罚的法律规定，A 正确。按照《刑事诉讼法》第 36 条的规定："犯罪嫌疑人、被告人没有委托辩护人，法律援助机构没有指派律师为其提供辩护的，由值班律师为犯罪嫌疑人、被告人提供法律咨询、程序选择建议、申请变更强制措施、对案件处理提出意见等法律帮助。"由于甲是未成年人，属于强制指派辩护的情形，既然甲有了辩护人，就不存在值班律师参与诉讼的问题。B 错误。对于犯罪嫌疑人是未成年人的案件，只有其法定代理人、辩护人有异议的，无需签署认罪认罚具结书，题目并未给定这样的条件，C 错误。按照《刑事诉讼法》第 15 条："犯罪嫌疑人、被告人自愿如实供述自己的罪行，承认指控的犯罪事实，愿意接受处罚的，可以依法从宽处理。"即"可以"从宽处理，而非"应当"从宽处理，D 错误。本题答案是 A。

2. 【答案】AC

【解析】按照《刑事诉讼法》第 36 条的规定："法律援助机构可以在人民法院、看守所等场所派驻值班律师。犯罪嫌疑人、被告人没有委托辩护人，法律援助机构没有指派律师为其提供辩护的，由值班律师为犯罪嫌疑人、被告人提供法律咨询、程序选择建议、申请变更强制措施、对案件处理提出意见等法律帮助。"可见，A 正确，B 错误，值班律师没有排除非法证据的申请权；按照《刑事诉讼法》第 173 条第二款的规定："犯罪嫌疑人认罪认罚的，人民检察院应当告知其享有的诉讼权利和认罪认罚的法律规定，听取犯罪嫌疑人、辩护人或者值班律师、被害人及其诉讼代理人对下列事项的意见，并记录在案：（一）涉嫌的犯罪事实、罪名及适用的法律规定；（二）从轻、减轻或者免除处罚等从宽处罚的建议；（三）认罪认罚后案件审理适用的程序；（四）其他需要听取意见的事项。"C 正确。签署认罪认罚具结书时，值班律师"应当"在场，而非"可以"在场，D 错误。本题答案是 A、C。

3. 【答案】C

【解析】按照《刑事诉讼法》第 190 条第 2 款的规定："被告人认罪认罚的，审判长应当告知被告人享有的诉讼权利和认罪认罚的法律规定，审查认罪认罚的自愿性和认罪认罚具结书内容的真实性、合法性。"可见，A 错误，不是"仍可以"，而是"应当"。法院审查认罪认罚具结书的"真实性、合法性"，没有"关联性"，B 错误。按照《刑事诉讼法》第 201 条的规定："对于认罪认罚案件，人民法院依法作出判决时，一般应当采纳人民检察院指控的罪名和量刑建议，但有下列情形的除外：起诉指控的罪名与审理认定的罪名不一致的；人民法院经审理认为量刑建议明显不当，或者被告人、辩护人对量刑建议提出异议的，人民检察院可以调整量刑建议。人民检察院不调整量刑建议或者调整量刑建议后仍然明显不当的，人民法院应当依法作出判决。"由于法院认定的罪名和检察院不一致，因此，不采纳检察院的量刑建议的做法是合法的，C 正确。同时，根据该法条的规定，检察院不是"应当"调整量刑建议，而是"可以"调整量刑建议。因此，本题答案是 C。

4. 【答案】BCD

【解析】分工负责、互相配合、互相制约原则针对的是公检法等不同的司法机关之间的关系，A 选项错误。发回重审制度的最根本价值在于维护程序正义，通过发回重审的制度设计保证一审程序能够符合法律规定。可见，B、C 正确。因违反法定程序而发回重审的，不考虑案件的实体处理是否正确，而把实现程序公正作为前提和基础，D 正确。本题答案是 B、C、D。

5. 【答案】AD

【解析】辩护是对被指控的罪行进行无罪、罪轻、减轻或者免除处罚的辩解和辩论。辩护原则的基本要求是：(1) 被告人从刑事诉讼活动一开始就可以提出对自己有利的材料和意见，反驳对他的控诉，为自己辩护；(2) 辩护权是犯罪人嫌疑人、被告人的一项基本的宪法权利，任何人都不得剥夺；(3) 有关国家机关有义务保障犯罪嫌疑人、被告人辩护权的行使。因此，A 正确。按照我国《刑事诉讼法》第 35 条规定，法律援助对象仅限于下列犯罪嫌疑人、被告人：(1) 经济困难的；(2) 盲、聋、哑人，或者是尚未完全丧失辨认或者控制自己行为能力的精神病人；(3) 可能被判处无期徒刑、死刑的。对于上述犯罪嫌疑人、被告人，如果没有委托辩护人的，有关机关才应当为其指派律师提供辩护。可见，在我国刑事诉讼中，并非对于每个犯罪嫌疑人、被告人都免费提供律师帮助。因此，B 错误。另外，只有刑事诉讼中专门机关（并非任何机关）承担保障犯罪嫌疑人、被告人辩护权行使的义务，C 错误。辩护一方面是为了实现控辩平衡，具有程序价值或者形式意义；另一方面，辩护有利于查清案件事实，实现实体公正，具有实质意义，D 正确。本题答案是 A、D。

6. 【答案】AC

【解析】按照《高检规则》第 379 条规定："人民检察院公诉部门在审查中发现侦查人员以非法方法收集犯罪嫌疑人供述、被害人陈述、证人证言等证据材料的，应当依法排除非法证据并提出纠正意见，同时可以要求侦查机关另行指派侦查人员重新调查取证，必要时人民检察院也可以自行调查取证。"可见，A 正确，B 错误。《高检规则》第 566 条规定："人民检察院发现公安机关侦查活动中的违法行为，构成犯罪的，移送有关部门依法追究刑事责任。"在本题中，邵某的刑讯逼供行为已构成犯罪，且刑讯逼供罪属于检察院立案侦查的管辖范围，当然应当立案侦查。可见，C 正确。《高检规则》第 567 条规定："人民检察院根据需要可以派员参加公安机关对于重大案件的讨论和其他侦查活动。"可见，D 错误。本题答案是 A、C。

7. 【答案】BCD

【解析】按照《高检规则》第 567 条规定："人民检察院根据需要可以派员参加公安机关对于重大案件的讨论和其他侦查活动，发现违法行为，情节较轻的可以口头纠正，情节较重的应当报请检察长批准后，向公安机关发出纠正违法通知书。"检察院提前介入侦查的行为并没有侵犯公安机关的侦查权，也未违反侦查权、检察权、审判权由专门机关依法行使的原则，A 错误。《刑事诉讼法》第 7 条规定："人民法院、人民检察院和公安机关进行刑事诉讼，应当分工负责，互相配合，互相制约，以保证准确有效地执行法律。"

检察官向公安机关提出了意见，对已发现的违法行为提出了纠正意见，体现了分工负责，互相配合，互相制约的原则，B正确。检察院的行为体现了检察院依法对刑事诉讼实行法律监督的原则，有助于严格遵守法律程序原则的实现，C、D正确。本题答案是B、C、D。

8. 【答案】A

【解析】甲的涉案金额显然没有达到立案的要求，属于情节显著轻微，不构成犯罪的情形，又因为在侦查阶段，应撤销案件，A正确。《刑事诉讼法》第177条第2款规定："对于犯罪情节轻微，依照刑法规定不需要判处刑罚或者免除刑罚的，人民检察院可以作出不起诉的决定。"这种不起诉属于酌定不起诉，而非刑诉法第16条所体现的法定不起诉，B错误。丙不属于情节显著轻微不构成犯罪的情形，而是不符合犯罪构成要件的情形，不是刑诉法16条的体现，C错误。《刑事诉讼法》第175条第4款规定："对于二次补充侦查的案件，人民检察院仍然认为证据不足，不符合起诉条件的，应当作出不起诉的决定。"这种不起诉属于存疑不起诉，不是16条法定不起诉的体现，D错误。本题答案是A。

9. 【答案】AB

【解析】按照《刑事诉讼法》第16条规定："有下列情形之一的，不追究刑事责任，已经追究的，应当撤销案件，或者不起诉，或者终止审理，或者宣告无罪：(一)情节显著轻微、危害不大，不认为是犯罪的；(二)犯罪已过追诉时效期限的；(三)经特赦令免除刑罚的；(四)依照刑法告诉才处理的犯罪，没有告诉或者撤回告诉的；(五)犯罪嫌疑人、被告人死亡的；(六)其他法律规定免予追究刑事责任的。"根据《高法解释》第241条的规定："被告人死亡的，应当裁定终止审理；根据已查明的案件事实和认定的证据，能够确认无罪的，应当判决宣告被告人无罪。"本题答案是A、B。

第三章　刑事诉讼中的专门机关和诉讼参与人

第一节　刑事诉讼中的专门机关

1. 某案件经中级法院一审判决后引起社会的广泛关注。为回应社会关注和保证办案质量，在案件由高级法院作出二审判决前，基于我国法院和检察院的组织体系与上下级关系，最高法院和最高检察院可采取下列哪些措施？（　　）（2017－2－65，多选）

   A. 最高法院可听取高级法院对该案的汇报并就如何审理提出意见

   B. 最高法院可召开审判业务会议对该案的实体和程序问题进行讨论

   C. 最高检察院可听取省检察院的汇报并对案件事实、证据进行审查

   D. 最高检察院可决定检察机关在二审程序中如何发表意见

2. 在袁某涉嫌故意杀害范某的案件中，下列哪些人员属于诉讼参与人？（　　）（2017－2－66，多选）

   A. 侦查阶段为袁某提供少数民族语言翻译的翻译人员

   B. 公安机关负责死因鉴定的法医

   C. 就证据收集合法性出庭说明情况的侦查人员

   D. 法庭调查阶段就范某死因鉴定意见出庭发表意见的有专门知识的人

3. 犯罪嫌疑人、被告人在刑事诉讼中享有的诉讼权利可分为防御性权利和救济性权利。下列哪些选项属于犯罪嫌疑人、被告人享有的救济性权利？（　　）（2017－2－67，多选）

   A. 侦查机关讯问时，犯罪嫌疑人有申辩自己无罪的权利

   B. 对办案人员人身侮辱的行为，犯罪嫌疑人有提出控告的权利

   C. 对办案机关应退还取保候审保证金而不退还的，犯罪嫌疑人有申诉的权利

   D. 被告人认为一审判决量刑畸重，有提出上诉的权利

4. 关于公检法机关的组织体系及其在刑事诉讼中的职权，下列哪些选项是正确的？（　　）（2015－2－65，多选）

   A. 公安机关统一领导、分级管理，对超出自己管辖的地区发布通缉令，应报有权的上级公安机关发布

   B. 基于检察一体化，检察院独立行使职权是指检察系统整体独立行使职权

   C. 检察院上下级之间是领导关系，上级检察院认为下级检察院二审抗诉不当的，可直接向同级法院撤回抗诉

   D. 法院上下级之间是监督指导关系，上级法院如认为下级法院审理更适宜，可将自己管辖的案件交由下级法院审理

第二节　刑事诉讼参与人

1. 关于刑事诉讼当事人中的被害人的诉讼权利，下列哪些选项是正确的？（　　）（2015－2

—66，多选）

A. 撤回起诉、申请回避　　B. 委托诉讼代理人、提起自诉

C. 申请复议、提起上诉　　D. 申请抗诉、提出申诉

2. 关于被害人在刑事诉讼中的权利，下列哪一选项是正确的？（　　）（2014—2—25，单选）

A. 自公诉案件立案之日起有权委托诉讼代理人

B. 对因作证而支出的交通、住宿、就餐等费用，有权获得补助

C. 对法院作出的强制医疗决定不服的，可向作出决定的法院申请复议一次

D. 对检察院作出的附条件不起诉决定不服的，可向上一级检察院申诉

3. 关于鉴定人与鉴定意见，下列哪一选项是正确的？（　　）（2014—2—29，单选）

A. 经法院通知，鉴定人无正当理由拒不出庭的，可由院长签发强制令强制其出庭

B. 鉴定人有正当理由无法出庭的，法院可中止审理，另行聘请鉴定人重新鉴定

C. 经辩护人申请而出庭的具有专门知识的人，可向鉴定人发问

D. 对鉴定意见的审查和认定，受到意见证据规则的规制

4. 关于诉讼代理人参加刑事诉讼，下列哪一说法是正确的？（　　）（2012—2—24，单选）

A. 诉讼代理人的权限依据法律规定而设定

B. 除非法律有明文规定，诉讼代理人也享有被代理人享有的诉讼权利

C. 诉讼代理人应当承担被代理人依法负有的义务

D. 诉讼代理人的职责是帮助被代理人行使诉讼权利

5. 关于法定代理人对法院一审判决、裁定的上诉权，下列哪一说法是错误的？（　　）（2011—2—22，单选）

A. 自诉人高某的法定代理人有独立上诉权

B. 被告人李某的法定代理人有独立上诉权

C. 被害人方某的法定代理人有独立上诉权

D. 附带民事诉讼当事人吴某的法定代理人对附带民事部分有独立上诉权

参考答案及解析

第一节　刑事诉讼中的专门机关

1. **【答案】** CD

【解析】 人民法院上下级是监督与被监督的关系，而非领导与被领导的关系，不能“请示、汇报”，因此，A错误；上级法院只能通过第二审程序或再审程序进行审级监督，最高法院召开审判业务会议对该案的实体和程序问题进行讨论是不正确的，可见，B错误。人民检察院上下级是领导与被领导的关系，可以“请示、汇报”，因此，C正确；上级检察院有权对下级检察院“指示、命令”，最高检察院可决定检察机关在二审程序中如何发表意见，D正确。本题答案是C、D。

2. **【答案】** AB

【解析】 按照《刑事诉讼法》第106条第四项的规定，“诉讼参与人”是指当事人、法定

代理人、诉讼代理人、辩护人、证人、鉴定人和翻译人员；翻译人员属于其他诉讼参与人，A正确。公安机关负责死因鉴定的法医在诉讼中的身份是鉴定人，属于诉讼参与人，B正确。C是侦查人员，D是专门知识的人即专家辅助人，不是诉讼参与人。本题答案是A、B。

3. **【答案】** BCD

【解析】 防御性权利指犯罪嫌疑人、被告人为对抗追诉方的指控、抵销其控诉效果所享有的诉讼权利，救济性权利指犯罪嫌疑人、被告人对国家专门机关所作的对其不利的行为、决定或裁判，要求另一专门机关予以审查并作出改变或撤销的诉讼权利。A属于针对侦查行为（广义控诉行为）的防御性权利。B、C、D均为救济性权利，系正确答案。

4. **【答案】** ABC

【解析】《刑事诉讼法》第155条第2款规定："各级公安机关在自己管辖的地区以内，可以直接发布通缉令；超出自己管辖的地区，应当报请有权决定的上级机关发布。"A正确。检察院实行检察一体化的体制，检察院独立行使职权是指检察系统整体独立行使职权，B正确。《刑事诉讼法》第232条第2款规定："上级人民检察院如果认为抗诉不当，可以向同级人民法院撤回抗诉，并且通知下级人民检察院。"C正确。上级法院可依法审理下级法院管辖的案件，但下级法院无权审理上级法院管辖的案件，D错误。本题答案是A、B、C。

第二节　刑事诉讼参与人

1. **【答案】** BD

【解析】 当事人有申请回避的权利，只有检察院（针对公诉）和自诉人（针对自诉）才可撤回起诉，被害人没有撤诉权，A项错误。《刑事诉讼法》第46条规定："公诉案件的被害人及其法定代理人或者近亲属，附带民事诉讼的当事人及其法定代理人，自案件移送审查起诉之日起，有权委托诉讼代理人。"《刑事诉讼法》第114条规定："对于自诉案件，被害人有权向人民法院直接起诉。"B正确。《刑事诉讼法》第227第1款条规定："被告人、自诉人和他们的法定代理人，不服地方各级人民法院第一审的判决、裁定，有权用书状或者口头向上一级人民法院上诉。被告人的辩护人和近亲属，经被告人同意，可以提出上诉。"被害人无上诉权，C错误。《刑事诉讼法》第229条规定："被害人及其法定代理人不服地方各级人民法院第一审的判决的，自收到判决书后五日以内，有权请求人民检察院提出抗诉。"第252条规定："当事人及其法定代理人、近亲属，对已经发生法律效力的判决、裁定，可以向人民法院或者人民检察院提出申诉，但是不能停止判决、裁定的执行。"因此，被害人有申请抗诉、提出申诉的权利，D正确。本题答案是B、D。

2. **【答案】** D

【解析】 按照《刑事诉讼法》第46条第1款规定，公诉案件的被害人及其法定代理人或者近亲属，附带民事诉讼的当事人及其法定代理人，自案件移送审查起诉之日起，有权委托诉讼代理人。A项错误。《刑事诉讼法》第65条规定，证人因履行作证义务而支出的交通、住宿、就餐等费用，应当给予补助。该权利仅适用于证人，而不适用于被害人，

B错误。《刑事诉讼法》第305条第2款规定，被决定强制医疗的人、被害人及其法定代理人、近亲属对强制医疗决定不服的，可以向上一级人民法院申请复议。C错误。《刑事诉讼法》第282条第2款规定，对附条件不起诉的决定，公安机关要求复议、提请复核或者被害人申诉的，适用《刑事诉讼法》第179条、第180条的规定；第180条规定，对于有被害人的案件，决定不起诉的，人民检察院应当将不起诉决定书送达被害人。被害人如果不服，可以自收到决定书后7日以内向上一级人民检察院申诉，请求提起公诉。本题答案是D。

3. **【答案】** C

【解析】 按照《刑事诉讼法》第193条第1款规定："经人民法院通知，证人没有正当理由不出庭作证的，人民法院可以强制其到庭，但是被告人的配偶、父母、子女除外。"第192条第3款规定："公诉人、当事人或者辩护人、诉讼代理人对鉴定意见有异议，人民法院认为鉴定人有必要出庭的，鉴定人应当出庭作证。经人民法院通知，鉴定人拒不出庭作证的，鉴定意见不得作为定案的根据。"《高法解释》第208条规定："强制证人出庭的，应当由院长签发强制证人出庭令。"可见，强制出庭只有针对证人，A错误。按照《高法解释》第86条第2款规定，鉴定人由于不能抗拒的原因或者有其他正当理由无法出庭的，人民法院可以根据情况决定延期审理或者重新鉴定。B错误。《高法解释》第216条第1款规定："向证人、鉴定人、有专门知识的人发问应当分别进行。证人、鉴定人、有专门知识的人经控辩双方发问或者审判人员询问后，审判长应当告知其退庭。"C正确。意见证据规则是指证人只能陈述自己亲身感受和经历的事实，而不得陈述对该事实的意见或者结论，该规则只适用于证人，鉴定人提供自己的意见就是法定证据种类鉴定意见。本题答案是C。

4. **【答案】** D

【解析】 代理人分为法定代理人和诉讼代理人两种，法定代理人的诉讼权利一般由法律加以规定，委托代人的诉讼权利只能由委托人授权。可见，A、B均错误。作为代理，除可以委托代理人代为承担的义务外，被代理人依法负有的义务应当由其自行承担，C错误。帮助被代理人行使诉讼权利是诉讼代理人的当然职责，D正确。本题答案是D。

5. **【答案】** C

【解析】 按照《刑事诉讼法》第227条第1款规定，被告人、自诉人和他们的法定代理人，不服地方各级人民法院第一审的判决、裁定，有权用书状或者口头向上一级人民法院上诉。该条第2款规定，附带民事诉讼的当事人和他们的法定代理人，可以对地方各级人民法院第一审的判决、裁定中的附带民事诉讼部分，提出上诉。由此可见，在刑事诉讼中，被告人、自诉人的法定代理人，以及附带民事诉讼的法定代理人有着独立的上诉权，A、B、D表述均正确。《刑事诉讼法》第229条规定，被害人及其法定代理人不服地方各级人民法院第一审的判决的，自收到判决书后5日以内，有权请求人民检察院提出抗诉。根据该条，被害人及其法定代理人根本没有上诉权。C表述错误。本题答案是C。

第四章 管辖

第一节 立案管辖

1. 田某涉嫌诈骗被公安机关立案侦查并逮捕，侦查过程中发现田某还涉嫌重婚。关于本案处理，下列哪些选项是正确的？（ ）（模拟题）
   A. 如诈骗与重婚互有牵连，公安机关可并案侦查
   B. 对田某的侦查羁押期限可自发现其涉嫌重婚之日起重新计算
   C. 如检察院审查起诉时发现田某还有抢劫犯罪事实，而且事实清楚，证据充分，检察院在对诈骗罪提起公诉时可以一并对抢劫罪提起公诉
   D. 如检察院只对田某以诈骗罪提起公诉，重婚罪的被害人可向法院提起自诉
2. 孙某系甲省乙市海关科长，与走私集团通谋，利用职权走私国家禁止出口的文物，情节特别严重。关于本案管辖，下列哪些选项是正确的？（ ）（2015—2—67，多选）
   A. 可由公安机关立案侦查
   B. 经甲省检察院决定，可由检察院立案侦查
   C. 甲省检察院决定立案侦查后可根据案件情况自行侦查
   D. 甲省检察院决定立案侦查后可根据案件情况指定甲省丙市检察院侦查
3. 检察院在查办狱警刘某虐待被监管人员案件中，发现刘某还涉嫌伙同其同事苏某利用职权实施非法拘禁犯罪。关于新发现的犯罪的处理，下列哪一选项是正确的？（ ）（模拟题）
   A. 将刘某涉嫌的两个犯罪以及苏某涉嫌的犯罪并案处理，由检察院一并侦查
   B. 将刘某涉嫌的两个犯罪并案移送公安机关处理
   C. 将刘某和苏某涉嫌的非法拘禁犯罪移送公安机关处理
   D. 将刘某涉嫌的两个犯罪以及苏某涉嫌的犯罪，移送公安机关一并侦查

第二节 审判管辖

1. AB两人住在甲市，后二人出国留学。在国外，A和一个外国人切断B在国内的联系，谎称被绑架，勒索其家人。事后A和该外国人一起从乙市回国住在丙市，B从丁市回国，该案哪个法院具有管辖权？（ ）（模拟题）
   A. 甲市　　B. 乙市
   C. 丙市　　D. 丁市
2. 甲、乙（户籍地均为M省A市）共同运营一条登记注册于A市的远洋渔船。某次在公海捕鱼时，甲乙二人共谋杀害了与他们素有嫌隙的水手丙。该船回国后首泊于M省B市港口以作休整，然后再航行至A市。从B市起航后，在途经M省C市航行至A市过程中，甲因害怕乙投案自首一直将乙捆绑拘禁于船舱。该船于A市靠岸后案发。关于本案

管辖，下列选项正确的是？（　　）（2016－2－92，不定项）

A. 故意杀人案和非法拘禁案应分别由中级法院和基层法院审理

B. A市和C市对非法拘禁案有管辖权

C. B市中级法院对故意杀人案有管辖权

D. A市中级法院对故意杀人案有管辖权

3. 某县破获一抢劫团伙，涉嫌多次入户抢劫，该县法院审理后认为，该团伙中只有主犯赵某可能被判处无期徒刑。关于该案的移送管辖，下列哪些选项是正确的？（　　）（2014－2－66，多选）

A. 应当将赵某移送中级法院审理，其余被告人继续在县法院审理

B. 团伙中的未成年被告人应当一并移送中级法院审理

C. 中级法院审查后认为赵某不可能被判处无期徒刑，可不同意移送

D. 中级法院同意移送的，应当书面通知其同级检察院

4. 周某采用向计算机植入木马程序的方法窃取齐某的网络游戏账号、密码等信息，将窃取到的相关数据存放在其租用的服务器中，并利用这些数据将齐某游戏账户内的金币、点券等虚拟商品放在第三方网络交易平台上进行售卖，获利5000元。下列哪些地区的法院对本案具有管辖权？（　　）（2013－2－65，多选）

A. 周某计算机所在地

B. 齐某计算机所在地

C. 周某租用的服务器所在地

D. 经营该网络游戏的公司所在地

参考答案及解析

第一节　立案管辖

1. 【答案】AD

【解析】按照相关法律和司法文件的规定，侦查机关在侦查过程中，如果发现“被害人有证据证明的轻微刑事犯罪案件”这种自诉案件，可以一并侦查，由于重婚罪属于“被害人有证据证明的轻微刑事犯罪案件”，因此，A项正确。《刑事诉讼法》第160条第1款规定：“在侦查期间，发现犯罪嫌疑人另有重要罪行的，自发现之日起依照本法第156条的规定重新计算侦查羁押期限。”相对于诈骗罪而言，重婚罪并非重要罪行，侦查羁押期限不应重新计算，B项错误。审查起诉阶段发现的新的抢劫犯罪事实，依法应当移交公安机关立案侦查，检察院无权在没有立案、侦查的情况下直接提起公诉，C错误。根据《高法解释》的规定，重婚案属于被害人有证据证明的轻微刑事案件，既可以公诉，也可以自诉，因此，D项正确。本题答案是A、D。

2. 【答案】ABCD

【解析】按照《刑事诉讼法》第19条规定：“对于公安机关管辖的国家机关工作人员利用职权实施的重大犯罪案件，需要由人民检察院直接受理的时候，经省级以上人民检察院决定，可以由人民检察院立案侦查。”《高检规则》第9条规定：“国家机关工作人员利用职权实施的其他重大犯罪案件，需要由人民检察院直接受理的时候，经省级以上人民检察院决定，可以由人民检察院立案侦查。”《高检规则》第10条规定：“对本规则第九条

规定的案件，基层人民检察院或者分、州、市人民检察院需要直接立案侦查的，应当层报省级人民检察院决定。分、州、市人民检察院对于基层人民检察院呈报省级人民检察院的案件，应当进行审查，提出是否需要立案侦查的意见，报请省级人民检察院决定。省级人民检察院可以决定由下级人民检察院直接立案侦查，也可以决定直接立案侦查。”本案中，孙某的行为属于“国家机关工作人员利用职权实施的其他重大犯罪案件”，因此可由公安机关立案侦查，也可经省级以上检察院决定后由检察院立案侦查。可见，A、B、C均正确。《高检规则》第18条第1款规定，上级人民检察院可以指定下级人民检察院立案侦查管辖不明或需要改变管辖的案件，在本题中，孙某系乙市海关科长，乙市检察院立案管辖可能并不适当，因而需要改变管辖，甲省检察院可以根据案件情况指定另外的丙市检察院侦查，由此可见，D正确。本题答案是A、B、C、D。

3. **【答案】** A

【解析】 按照《六机关规定》第3条规定：“具有下列情形之一的，人民法院、人民检察院、公安机关可以在其职责范围内并案处理：（一）一人犯数罪的；（二）共同犯罪的；（三）共同犯罪的犯罪嫌疑人、被告人还实施其他犯罪的；（四）多个犯罪嫌疑人、被告人实施的犯罪存在关联，并案处理有利于查明案件事实的。”需要说明的是本案中的非法拘禁罪由于是狱警（属于司法工作人员）利用职权实施的，属于检察院的立案管辖范围。因此，A正确；B、C、D均错误。本题答案是A。

第二节 审判管辖

1. **【答案】** ABC

【解析】 按照《高法解释》第8条的规定，“中国公民在中华人民共和国领域外的犯罪，由其入境地或者离境前居住地的人民法院管辖；被害人是中国公民的，也可由被害人离境前居住地的人民法院管辖。”由于A、B离境前的居住地均是甲市，被告人A的入境地是乙市，所以A、B项正确。另外，《高法解释》第9条规定：“外国人在中华人民共和国领域外对中华人民共和国国家或者公民犯罪，根据《中华人民共和国刑法》应当受处罚的，由该外国人入境地、入境后居住地或者被害中国公民离境前居住地的人民法院管辖。”结合本题，丙市是共同犯罪案件中外国人入境后的居住地，所以C项正确。综上所述，本题答案是A、B、C。

2. **【答案】** BC

【解析】《高法解释》第13条规定：“一人犯数罪、共同犯罪和其他需要并案审理的案件，其中一人或者一罪属于上级人民法院管辖的，全案由上级人民法院管辖。”据此，故意杀人案应由中院审理，非法拘禁罪应由基层法院审理，但因为其中一罪属于上级法院审理，因此全案均由上级法院审理，A错误。《刑事诉讼法》第25条规定：“刑事案件由犯罪地的人民法院管辖。”《高法解释》第2条第1款规定：“犯罪地包括犯罪行为发生地和犯罪结果发生地。”非法拘禁是一个持续的状态，因此A、C两地都是犯罪地，均有管辖权，B正确。《高法解释》第4条规定：“在中华人民共和国领域外的中国船舶内的犯罪，由该船舶最初停泊的中国口岸所在地的人民法院管辖。”因此，C选项正确，D选项错误。本题答案是B、C。

3. **【答案】** CD

【解析】按照《高法解释》第13条规定："一人犯数罪、共同犯罪和其他需要并案审理的案件，其中一人或者一罪属于上级人民法院管辖的，全案由上级人民法院管辖。"可见，A错误。第464条第2款规定："未成年人与成年人共同犯罪案件，由不同人民法院或者不同审判组织分别审理的，有关人民法院或者审判组织应当互相了解共同犯罪被告人的审判情况，注意全案的量刑平衡。"可见，未成年被告人并非必须一并移送。因此，B错误。《高法解释》第15条第3款规定："需要将案件移送中级人民法院审判的，应当在报请院长决定后，至迟于案件审理期限届满十五日前书面请求移送。中级人民法院应当在接到申请后十日内作出决定。不同意移送的，应当下达不同意移送决定书，由请求移送的人民法院依法审判；同意移送的，应当下达同意移送决定书，并书面通知同级人民检察院。"本题答案是C、D。

4. 【答案】ABCD

【解析】按照《刑事诉讼法》第25条规定："刑事案件由犯罪地的人民法院管辖。如果由被告人居住地的人民法院审判更为适宜的，可以由被告人居住地的人民法院管辖。"《高法解释》第2条第2款规定："针对或者利用计算机网络实施的犯罪，犯罪地包括犯罪行为发生地的网站服务器所在地，网络接入地，网站建立者、管理者所在地，被侵害的计算机信息系统及其管理者所在地，被告人、被害人使用的计算机信息系统所在地，以及被害人财产遭受损失地。"本题答案是A、B、C、D。

第五章 回避制度

第一节 回避的理由、种类与适用人员

林某盗版销售著名作家黄某的小说涉嫌侵犯著作权罪，经一审和二审后，二审法院裁定撤销原判，发回原审法院重新审判。关于该案的回避，下列哪些选项是正确的？（ ）（2014－2－67，多选）

A. 一审法院审判委员会委员甲系林某辩护人妻子的弟弟，黄某的代理律师可申请其回避

B. 一审书记员乙系林某的表弟而未回避，二审法院可以此为由裁定发回原审法院重审

C. 一审合议庭审判长丙系黄某的忠实读者，应当回避

D. 丁系二审合议庭成员，如果林某对一审法院重新审判作出的裁判不服再次上诉至二审法院，丁应当自行回避

第二节 回避的程序

1. 未成年人小付涉嫌故意伤害袁某，袁某向法院提起自诉。小付的父亲委托律师黄某担任辩护人，袁某委托其在法学院上学的儿子担任诉讼代理人。本案中，下列哪些人有权要求审判人员回避？（ ）（2015－2－68，多选）

A. 黄某　　B. 袁某　　C. 袁某的儿子　　D. 小付的父亲

2. 法院审理过程中，被告人赵某在最后陈述时，以审判长数次打断其发言为理由申请更换审判长。对于这一申请，下列哪一说法是正确的？（ ）（2013－2－38，单选）

A. 赵某的申请理由不符合法律规定，法院院长应当驳回申请

B. 赵某在法庭调查前没有申请回避，法院院长应当驳回申请

C. 如法院作出驳回申请的决定，赵某可以在决定作出后五日内向上级法院提出上诉

D. 如法院作出驳回申请的决定，赵某可以向上级法院申请复议一次

3. 甲涉嫌刑讯逼供罪被立案侦查。甲以该案侦查人员王某与被害人存在近亲属关系为由，提出回避申请。对此，下列哪一选项是错误的？（ ）（2010－2－21，单选）

A. 王某可以口头提出自行回避的申请

B. 作出回避决定以前，王某不能停止案件的侦查工作

C. 王某的回避由公安机关负责人决定

D. 如甲的回避申请被驳回，甲有权申请复议一次

参考答案及解析

第一节 回避的理由、种类与适用人员

【答案】AB

【解析】按照《刑事诉讼法》第29条规定："审判人员、检察人员、侦查人员有下列情形之一的，应当自行回避，当事人及其法定代理人也有权要求他们回避：(1) 是本案的当事人或者是当事人的近亲属的。"最高人民法院《关于审判人员在诉讼活动中执行回避制度若干问题的规定》第1条对此作了进一步的解释，规定与当事人有直系血亲、三代以内旁系血亲以及近姻亲关系的审判人员都应当回避。根据《高法解释》第32条规定："审判人员包括人民法院院长、副院长、审判委员会委员、庭长、副庭长、审判员、助理审判员和人民陪审员。"《刑事诉讼法》第32条第2款规定："辩护人、诉讼代理人可以依照本章的规定要求回避、申请复议。"一审法院审判委员会甲属于审判人员，是回避对象，黄某的代理律师属于诉讼代理人，属于回避的申请主体，A正确。《刑事诉讼法》第238条规定："第二审人民法院发现第一审人民法院的审理有下列违反法律规定的诉讼程序的情形之一的，应当裁定撤销原判，发回原审人民法院重新审判。（二）违反回避制度的。"B正确。C选项中，丙属于与本案当事人有其他关系，其是否应当回避要视是否会影响公正处理案件，并非必须回避的对象。C错误。按照《高法解释》第25条第2款规定："在一个审判程序中参与过本案审判工作的合议庭组成人员或者独任审判员，不得再参与本案其他程序的审判。但是，发回重新审判的案件，在第一审人民法院作出裁判后又进入第二审程序或者死刑复核程序的，原第二审程序或者死刑复核程序中的合议庭组成人员不受本款规定的限制。"结合本题，丁无需回避，D错误。本题答案是A、B。

第二节　回避的程序

1. 【答案】ABCD

【解析】《刑事诉讼法》第29条规定："审判人员、检察人员、侦查人员有下列情形之一的，应当自行回避，当事人及其法定代理人也有权要求他们回避。"第32条第2款规定："辩护人、诉讼代理人可以依照本章的规定要求回避、申请复议。"本案中，黄某是被告人小付的辩护人，袁某是自诉人，袁某的儿子是袁某的诉讼代理人，小付的父亲是被告人的法定代理人，A、B、C、D均正确，选择。

2. 【答案】A

【解析】按照《高法解释》第30条第2款规定："当事人及其法定代理人申请回避被驳回的，可以在接到决定时申请复议一次。不属于刑事诉讼法第二十八条、第二十九条规定情形的回避申请，由法庭当庭驳回，并不得申请复议。"A正确，当选。回避申请的提出时间，法律并未加以限制，B错误，不当选。对于回避决定，不可上诉，也不可以抗诉，C错误，不当选。本题赵某的回避理由并非法定理由，因此应由法庭当庭驳回，并不得申请复议。D错误。本题答案是A。

3. 【答案】C

【解析】按照《高检规则》第21条规定："检察人员自行回避的，可以口头或者书面提出，并说明理由。口头提出申请的，应当记录在案。"可见，A正确，不符合题意。《刑事诉讼法》第31条第2款规定："对侦查人员的回避作出决定前，侦查人员不能停止对案件的侦查。"因此，B表述正确，不符合题意。《刑事诉讼法》第31条第1款规定：

"审判人员、检察人员、侦查人员的回避，应当分别由院长、检察长、公安机关负责人决定。"由于本案由检察院立案侦查，故王某的回避应由检察长决定，公安机关负责人无权决定，C表述错误，选择。《刑事诉讼法》第31条第3款规定："对驳回申请回避的决定，当事人及其法定代理人可以申请复议一次。"D表述正确，不符合题意。本题答案是C。

第六章　辩护与代理

第一节　辩护制度概述

关于有效辩护原则，下列哪些理解是正确的？（　　）（2015－2－69，多选）

A. 有效辩护原则的确立有助于实现控辩平等对抗

B. 有效辩护是一项主要适用于审判阶段的原则，但侦查、审查起诉阶段对辩护人权利的保障是审判阶段实现有效辩护的前提

C. 根据有效辩护原则的要求，法庭审理过程中一般不应限制被告人及其辩护人发言的时间

D. 指派没有刑事辩护经验的律师为可能被判处无期徒刑、死刑的被告人提供法律援助，有违有效辩护原则

第二节　辩护制度的基本内容

1. 法官齐某从A县法院辞职后，在其妻洪某开办的律师事务所从业。关于齐某与洪某的辩护人资格，下列哪一选项是正确的？（　　）（2016－2－25，单选）

A. 齐某不得担任A县法院审理案件的辩护人

B. 齐某和洪某不得分别担任同案犯罪嫌疑人的辩护人

C. 齐某和洪某不得同时担任同一犯罪嫌疑人的辩护人

D. 洪某可以律师身份担任A县法院审理案件的辩护人

2. 鲁某与洪某共同犯罪，洪某在逃。沈律师为鲁某担任辩护人。案件判决生效三年后，洪某被抓获并被起诉。关于沈律师可否担任洪某辩护人，下列哪一说法是正确的？（　　）（2013－2－29，单选）

A. 沈律师不得担任洪某辩护人

B. 如果洪某系法律援助对象，沈律师可以担任洪某辩护人

C. 如果被告人洪某同意，沈律师可以担任洪某辩护人

D. 如果公诉人未提出异议，沈律师可以担任洪某辩护人

第三节　辩护人的诉讼权利与诉讼义务

1. 马某盗窃案被公安机关立案侦查，关于本案侦查阶段辩护人的行为，合法的是（　　）（模拟题）

A. 找目击证人核实证据

B. 侦查终结，找侦查机关复制起诉意见书

C. 检察院审查批捕期间，申请检察院调查嫌疑人无罪的证据

D. 将获得的犯罪嫌疑人不在犯罪现场的证据告知公安机关

2. 成年人钱甲教唆未成年人小沈实施诈骗犯罪，钱甲委托其在邻市检察院担任检察官助理的哥哥钱乙担任辩护人，小沈由法律援助律师武某担任辩护人。关于本案处理，下列哪一选项是正确的？（　　）（2017－2－25，单选）

A. 钱甲被拘留后，钱乙可为其申请取保候审

B. 本案移送审查起诉时，公安机关应将案件移送情况告知钱乙

C. 检察院讯问小沈时，武某可在场

D. 如检察院对钱甲和小沈分案起诉，法院可并案审理

3. 郭某涉嫌参加恐怖组织罪被逮捕，随后委托律师姜某担任辩护人。关于姜某履行辩护职责，下列哪一选项是正确的？（　　）（2016－2－26，单选）

A. 姜某到看守所会见郭某时，可带 1～2 名律师助理协助会见

B. 看守所可对姜某与郭某的往来信件进行必要的检查，但不得截留、复制

C. 姜某申请法院收集、调取证据而法院不同意的，法院应书面说明不同意的理由

D. 法庭审理中姜某作无罪辩护的，也可当庭对郭某从轻量刑的问题发表辩护意见

4. 根据《刑事诉讼法》的规定，辩护律师收集到的下列哪一证据应及时告知公安机关、检察院？（　　）（2016－2－27，单选）

A. 强奸案中被害人系精神病人的证据

B. 故意伤害案中犯罪嫌疑人系正当防卫的证据

C. 投放危险物质案中犯罪嫌疑人案发时在外地出差的证据

D. 制造毒品案中犯罪嫌疑人犯罪时刚满 16 周岁的证据

5. 在法庭审判中，被告人翻供，否认犯罪，并当庭拒绝律师为其进行有罪辩护。合议庭对此问题的处理，下列哪一选项是正确的？（　　）（2013－2－38，单选）

A. 被告人有权拒绝辩护人辩护，合议庭应当准许

B. 辩护律师独立辩护，不受当事人意思表示的约束，合议庭不应当准许拒绝辩护

C. 属于应当提供法律援助的情形的，合议庭不应当准许拒绝辩护

D. 有多名被告人的案件，部分被告人拒绝辩护人辩护的，合议庭不应当准许

6. 关于辩护律师在刑事诉讼中享有的权利和承担的义务，下列哪一说法是正确的？（　　）（2012－2－25，单选）

A. 在侦查期间可以向犯罪嫌疑人核实证据

B. 会见在押的犯罪嫌疑人、被告人，可以了解案件有关情况

C. 收集到的有利于犯罪嫌疑人的证据，均应及时告知公安机关、检察院

D. 在执业活动中知悉犯罪嫌疑人、被告人曾经实施犯罪的，应及时告知司法机关

7. 关于侦查程序中的辩护权保障和情况告知，下列哪一选项是正确的？（　　）（2012－2－39，单选）

A. 辩护律师提出要求的，侦查机关可以听取辩护律师的意见，并记录在案

B. 辩护律师提出书面意见的，可以附卷

C. 侦查终结移送审查起诉时，将案件移送情况告知犯罪嫌疑人或者其辩护律师

D. 侦查终结移送审查起诉时，将案件移送情况告知犯罪嫌疑人及其辩护律师

8. 甲因盗窃罪被依法逮捕，甲因经济困难没有委托辩护人，法律援助机构为甲指派了值班

律师乙，关于本案，下列说法正确的是？（　　）（模拟题）

A. 人民法院、人民检察院、看守所应当告知犯罪嫌疑人、被告人有权约见值班律师

B. 乙有权向办案机关申请，将甲的强制措施变更为取保候审

C. 甲签署认罪认罚具结书时，乙可以在场

D. 检察院在审查起诉时，可以听取乙的意见

9. 李某因故意伤害罪被追究刑事责任，法律援助机构为其指派值班律师张某，在审查起诉阶段，李某认罪认罚，检察院应当听取张某下列哪些意见？（　　）（模拟题）

A. 李某涉嫌的犯罪事实、罪名及适用的法律规定

B. 对李某从轻、减轻或者免除处罚等从宽处罚的建议

C. 李某认罪认罚后案件审理适用的程序

D. 对李某供述排除的建议

10. 刘某因诈骗被依法逮捕，在审判阶段，法律援助机构指派黄某作为刘某的值班律师，关于黄某的权利，下列说法正确的是？（　　）（模拟题）

A. 黄某可以要求会见在押的刘某

B. 如果刘某认罪认罚，黄某可以建议法院适用速裁程序

C. 黄某可以申请审判员回避

D. 黄某可以查阅卷宗材料

第四节　刑事代理

在张某故意毁坏李某汽车案中，张某聘请赵律师为辩护人，李某聘请孙律师为诉讼代理人。关于该案辩护人和诉讼代理人，下列哪一选项是正确的？（　　）（2010－2－22，单选）

A. 赵律师、孙律师均自案件移送审查起诉之日起方可接受委托担任辩护人、诉讼代理人

B. 赵律师、孙律师均有权申请该案的审判人员和公诉人员回避

C. 赵律师可在审判中向张某发问，孙律师无权向张某发问

D. 律师应以张某的意见作为辩护意见，孙律师应以李某的意见为代理意见

参考答案及解析

第一节　辩护制度概述

【答案】 ACD

【解析】 有效辩护原则要求辩护不仅仅应当是形式意义上的，更应当是实质意义上的，从而有助于实现控辩平等对抗，因此A正确。有效辩护原则适用于整个刑事诉讼程序，并非只适用于审判阶段，因此，B错误。有效辩护原则同时也是公检法等国家机关的义务，它们有义务保障有效辩护原则的实现，确保其有效履行辩护职责，因此，C正确。有效辩护原则要求国家设立法律援助制度并确保犯罪嫌疑人、被告人能够获得符合最低标准并具有实质意义的律师帮助，因此，D正确。本题答案是A、C、D。

第二节　辩护制度的基本内容

1. 【答案】D

【解析】按照《高法解释》第 36 条规定："审判人员和人民法院其他工作人员从人民法院离任后二年内，不得以律师身份担任辩护人。审判人员和人民法院其他工作人员从人民法院离任后，不得担任原任职法院所审理案件的辩护人，但作为被告人的监护人、近亲属进行辩护的除外。审判人员和人民法院其他工作人员的配偶、子女或者父母不得担任其任职法院所审理案件的辩护人，但作为被告人的监护人、近亲属进行辩护的除外。"齐某并非绝对不得担任 A 县法院的辩护人，A 错误。同时，法律仅禁止审判人员的配偶在其任职法院担任所审理案件的辩护人，而齐某已经从法院离职，洪某完全可以以律师身份担任 A 县法院审理案件的辩护人，D 正确。《高法解释》第 38 条第 2 款规定："一名辩护人不得为两名以上的同案被告人，或者未同案处理但犯罪事实存在关联的被告人辩护。"法律只禁止一名辩护人为两名以上同案被告人进行辩护，但并未禁止两名辩护人分别担任同案犯罪嫌疑人的辩护人，B 错误，根据《刑事诉讼法》第 33 条第 1 款规定："犯罪嫌疑人、被告人除自己行使辩护权以外，还可以委托一至二人作为辩护人……"据此，齐某和洪某完全可以同时担任同一犯罪嫌疑人的辩护人，C 错误。本题答案是 D。

2. 【答案】A

【解析】按照《高法解释》第 38 条第 2 款规定："一名辩护人不得为两名以上的同案被告人，或者未同案处理但犯罪事实存在关联的被告人辩护。"可见，A 正确，当选，B、C、D 错误，不当选。本题答案是 A。

第三节　辩护人的诉讼权利与诉讼义务

1. 【答案】D

【解析】按照刑诉法及其司法解释的规定，在侦查阶段，辩护律师不享有阅卷权、调查取证权以及核实证据的权利，A、B、C 错误，不选择。《刑事诉讼法》第 42 条规定："辩护人收集的有关犯罪嫌疑人不在犯罪现场、未达到刑事责任年龄、属于依法不负刑事责任的精神病人的证据，应当及时告知公安机关、人民检察院。"可见，D 正确。本题答案是 D。

2. 【答案】A

【解析】钱乙系钱甲的近亲属，有权担任辩护人，按照刑诉法及司法解释的规定，犯罪嫌疑人、被告人及其法定代理人、近亲属或者辩护人申请取保候审，A 正确。《刑事诉讼法》第 162 条第 1 款规定："公安机关侦查终结的案件，应当做到犯罪事实清楚，证据确实、充分，并且写出起诉意见书，连同案卷材料、证据一并移送同级人民检察院审查决定；同时将案件移送情况告知犯罪嫌疑人及其辩护律师。"钱乙不是非律师身份的辩护人，而非辩护律师，B 错误。《刑事诉讼法》第 281 条第 1 款规定："对于未成年人刑事案件，在讯问和审判的时候，应当通知未成年犯罪嫌疑人、被告人的法定代理人到场。无法通知、法定代理人不能到场或者法定代理人是共犯的，也可以通知未成年犯罪嫌疑人、被告人的其他成年亲属，所在学校、单位、居住地基层组织或者未成年人保护组织的代表到场，并将有关情况记录在案。到场的法定代理人可以代为行使未成年犯罪嫌疑人、被告人的诉讼权利。”法律没有规定律师在场，C错误。《人民检察院办理未成年人刑事案件的规定》第51条第1款规定：“人民检察院审查未成年人与成年人共同犯罪案件，一般应当将未成年人与成年人分案起诉。但是具有下列情形之一的，可以不分案起诉：（一）未成年人系犯罪集团的组织者或者其他共同犯罪中的主犯的；（二）案件重大、疑难、复杂，分案起诉可能妨碍案件审理的；（三）涉及刑事附带民事诉讼，分案起诉妨碍附带民事诉讼部分审理的；（四）具有其他不宜分案起诉情形的。”第54条规定：“人民检察院对未成年人与成年人共同犯罪案件分别提起公诉后，在诉讼过程中出现不宜分案起诉情形的，可以及时建议人民法院并案审理。”题目并未给出可以并案审理的条件，D错误。本题答案是A。

3. 【答案】D

【解析】按照《关于依法保障律师执业权利的规定》第7条第4款规定：“犯罪嫌疑人、被告人委托两名律师担任辩护人的，两名辩护律师可以共同会见，也可以单独会见。辩护律师可以带一名律师助理协助会见。助理人员随同辩护律师参加会见的，应当出示律师事务所证明和律师执业证书或申请律师执业人员实习证。办案机关应当核实律师助理的身份。”据此，辩护律师只能带一名律师助理协助会见，A错误。第13条规定：“看守所应当及时传递辩护律师同犯罪嫌疑人、被告人的往来信件。看守所可以对信件进行必要的检查，但不得截留、复制、删改信件，不得向办案机关提供信件内容，但信件内容涉及危害国家安全、公共安全、严重危害他人人身安全以及涉嫌串供、毁灭证据等情形的除外。”可见，不得截留、复制是有例外情形的，而本案正好属于危害公共安全的恐怖犯罪的例外，B错误。第18条规定：“辩护律师申请人民检察院、人民法院收集、调取证据的，人民检察院、人民法院应当在三日以内作出是否同意的决定，并通知辩护律师。辩护律师书面提出有关申请时，办案机关不同意的，应当书面说明理由；辩护律师口头提出申请的，办案机关可以口头答复。”据此，并非所有申请都应当书面说明理由，C错误。第35条规定：“辩护律师作无罪辩护的，可以当庭就量刑问题发表辩护意见，也可以庭后提交量刑辩护意见。”D正确。本题答案是D。

4. 【答案】C

【解析】按照《刑事诉讼法》第42条规定：“辩护人收集的有关犯罪嫌疑人不在犯罪现场、未达到刑事责任年龄、属于依法不负刑事责任的精神病人的证据，应当及时告知公安机关、人民检察院。”A选项中是被害人而非犯罪嫌疑人系精神病人，所以A错误。正当防卫的证据不属于上述三种证据之一，B错误。不在犯罪现场的证据，应当及时告知公安机关、检察院，C正确。制造毒品且已满16岁，属于应当追究刑事责任的情形，不属于依法及时告知公安机关、检察院的事项，D错误。本题答案是C。

5. 【答案】A

【解析】《高法解释》第254条规定：“被告人当庭拒绝辩护人辩护，要求另行委托辩护人或者指派律师的，合议庭应当准许。被告人拒绝辩护人辩护后，没有辩护人的，应当宣布休庭；仍有辩护人的，庭审可以继续进行。有多名被告人的案件，部分被告人拒绝辩护人辩护后，没有辩护人的，根据案件情况，可以对该被告人另案处理，对其他被告人的庭审继续进行。”A正确，BD均错误。“重新开庭后，被告人再次当庭拒绝辩护人辩护的，可以准许，但被告人不得再次另行委托辩护人或者要求另行指派律师，由其自行辩护。被告人属于应当提供法律援助的情形，重新开庭后再次当庭拒绝辩护人辩护的，不予准许。”故C错误，合议庭可以准许拒绝辩护，只要其再自行委托，或法院为其提供法律援助辩护即可。本题答案是A。

6. 【答案】B

【解析】按照《刑事诉讼法》第39条第1款规定，辩护律师可以同在押的犯罪嫌疑人、被告人会见和通信。该条第4款规定，辩护律师会见在押的犯罪嫌疑人、被告人，可以了解案件有关情况，提供法律咨询等；自案件移送审查起诉之日起，可以向犯罪嫌疑人、被告人核实有关证据。辩护律师会见犯罪嫌疑人、被告人时不被监听。据此，A错误，B正确。《刑事诉讼法》第42条规定，辩护人收集的有关犯罪嫌疑人不在犯罪现场、未达到刑事责任年龄、属于依法不负刑事责任的精神病人的证据，应当及时告知公安机关、人民检察院。可见，除上述特定的证据外，对于罪轻证据等，辩护人没有义务告知公安机关和检察院。据此，C错误。《刑事诉讼法》第48条规定，辩护律师对在执业活动中知悉的委托人的有关情况和信息，有权予以保密。但是，辩护律师在执业活动中知悉委托人或者其他人，准备或者正在实施危害国家安全、公共安全以及严重危害他人人身安全的犯罪的，应当及时告知司法机关。可见，除上述特定的情形外，辩护律师对于其在执业活动中知悉的犯罪嫌疑人、被告人的犯罪行为，应当保密。据此，D错误。本题答案是B。

7. 【答案】D

【解析】按照《刑事诉讼法》第161条规定，在案件侦查终结前，辩护律师提出要求的，侦查机关应当听取辩护律师的意见，并记录在案。辩护律师提出书面意见的，应当附卷。据此直接可见，A、B错误。《刑事诉讼法》第162条第1款规定，公安机关侦查终结的案件，应当做到犯罪事实清楚，证据确实、充分，并且写出起诉意见书，连同案卷材料、证据一并移送同级人民检察院审查决定；同时将案件移送情况告知犯罪嫌疑人及其辩护律师。据此，C错误，D正确。本题答案是D。

8. 【答案】AB

【解析】按照《刑事诉讼法》第36条：“犯罪嫌疑人、被告人没有委托辩护人，法律援助机构没有指派律师为其提供辩护的，由值班律师为犯罪嫌疑人、被告人提供法律咨询、程序选择建议、申请变更强制措施、对案件处理提出意见等法律帮助。人民法院、人民检察院、看守所应当告知犯罪嫌疑人、被告人有权约见值班律师。”由此可见，A、B均正确。按照《刑事诉讼法》第174条的规定：“犯罪嫌疑人自愿认罪，同意量刑建议和程序适用的，应当在辩护人或者值班律师在场的情况下签署认罪认罚具结书。”由此可见，C错误，错在“可以”在场，而是“应当”在场。按照《刑事诉讼法》第173条的规定：“人民检察院审查案件，应当讯问犯罪嫌疑人，听取辩护人或者值班律师、被害人及其诉讼代理人的意见。”由此可见，D错误，错在“可以”听取乙的意见，而是“应当”听取。本题答案是A、B。

9. 【答案】ABC

【解析】根据《刑事诉讼法》第173第2款的规定：“犯罪嫌疑人认罪认罚的，人民检察院应当告知其享有的诉讼权利和认罪认罚的法律规定，听取犯罪嫌疑人、辩护人或者值班律师、被害人及其诉讼代理人对下列事项的意见，并记录在案：（一）涉嫌的犯罪事实、罪名及适用的法律规定；（二）从轻、减轻或者免除处罚等从宽处罚的建议；（三）认罪认罚后案件审理适用的程序；（四）其他需要听取意见的事项。”由此可见，本题答案是 A、B、C。

10. **【答案】** B

【解析】 按照《刑事诉讼法》第 36 条的规定：“值班律师为犯罪嫌疑人、被告人提供法律咨询、程序选择建议、申请变更强制措施、对案件处理提出意见等法律帮助。人民法院、人民检察院、看守所应当告知犯罪嫌疑人、被告人有权约见值班律师，并为犯罪嫌疑人、被告人约见值班律师提供便利。”可见，A 错误，黄某作为值班律师，无权主动要求会见刘某，但是刘某可以要求约见值班律师。值班律师有权提出程序选择建议，B 正确。对于 C、D，只有辩护人才享有的诉讼权利，法律并未规定值班律师享有这些权利。

第四节　刑事代理

【答案】 B

【解析】 按照《刑事诉讼法》第 34 条规定，公诉案件犯罪嫌疑人在被侦查机关第一次讯问或者采取强制措施之日起，有权委托辩护人。第 46 条第 1 款规定，公诉案件的被害人及其法定代理人或者近亲属，自案件移送审查起诉之日起，有权委托诉讼代理人。可见，A 错误。《刑事诉讼法》第 32 条第 2 款规定，辩护人、诉讼代理人可以要求回避、申请复议。B 正确。《刑事诉讼法》第 191 条规定，公诉人在法庭上宣读起诉书后，被告人、被害人可以就起诉书指控的犯罪进行陈述，公诉人可以讯问被告人。被害人、附带民事诉讼的原告人和辩护人、诉讼代理人，经审判长许可，可以向被告人发问。可见，题中赵律师、孙律师均有权向被告人张某发问，C 错误。《刑事诉讼法》第 37 条规定，辩护人的责任是根据事实和法律，提出犯罪嫌疑人、被告人无罪、罪轻或者减轻、免除其刑事责任的材料和意见，维护犯罪嫌疑人、被告人的诉讼权利和其他合法权益。《高法解释》第 56 条规定，诉讼代理人有权根据事实和法律，维护被害人、自诉人或者附带民事诉讼当事人的诉讼权利和其他合法权益。可见，辩护人或诉讼代理人提出辩护意见或代理意见的依据均是事实和法律而不是以当事人的意见。可见，D 错误。本题答案是 B。

第七章 证据与证明

第一节 刑事证据的种类

1. 某小学发生一起猥亵儿童案件，三年级女生甲向校长许某报称被老师杨某猥亵。许某报案后，侦查人员通过询问许某了解了甲向其陈述的被杨某猥亵的经过。侦查人员还通过询问甲了解到，另外两名女生乙和丙也可能被杨某猥亵，乙曾和甲谈到被杨某猥亵的经过，甲曾目睹杨某在课间猥亵丙。讯问杨某时，杨某否认实施猥亵行为，并表示他曾举报许某贪污，许某报案是对他的打击报复。关于本案证据，下列选项正确的是（　　）（2017—2—96，不定项）

   A. 甲向公安机关反映的情况，既是被害人陈述，也是证人证言

   B. 关于甲被猥亵的经过，许某的证言可作为甲陈述的补强证据

   C. 关于乙被猥亵的经过，甲的证言属于传闻证据，不得作为定案的依据

   D. 甲、乙、丙因年幼，其陈述或证言必须有其他证据印证才能采信

2. 甲女与乙男在某社交软件互加好友，手机网络聊天过程中，甲女多次向乙男发送暧昧言语和色情图片，表示可以提供有偿性服务。二人于酒店内见面后因价钱谈不拢而争吵，乙男强行将甲女留在房间内，并采用胁迫手段与其发生性关系。后甲女向公安机关报案，乙男则辩称双方系自愿发生性关系。乙男提供了二人之前的网络聊天记录。关于这一网络聊天记录，下列选项正确的是（　　）。（2016—2—95，不定项）

   A. 属电子数据的一种

   B. 必须随原始的聊天时使用的手机移送才能作为定案的依据

   C. 只有经甲女核实认可后才能作为定案的依据

   D. 因不具有关联性而不得作为本案定罪量刑的依据

3. 关于证人证言与鉴定意见，下列哪一选项是正确的？（　　）（2015—2—23，单选）

   A. 证人证言只能由自然人提供，鉴定意见可由单位出具

   B. 生理上、精神上有缺陷的人有时可以提供证人证言，但不能出具鉴定意见

   C. 如控辩双方对证人证言和鉴定意见有异议的，相应证人和鉴定人均应出庭

   D. 证人应出庭而不出庭的，其庭前证言仍可能作为证据；鉴定人应出庭而不出庭的，鉴定意见不得作为定案根据

4. 关于网络犯罪案件证据的收集与审查，下列哪一选项是正确的？（　　）（2015—2—24，单选）

   A. 询问异地证人、被害人的，应由办案地公安机关通过远程网络视频等方式进行

   B. 收集、提取电子数据，能够获取原始存储介质的应封存原始存储介质，并对相关活动录像

   C. 远程提取电子数据的，应说明原因，并对相关活动录像

   D. 对电子数据涉及的专门性问题难以确定的，可由公安部指定的机构出具检验报告

5. 某地法院审理齐某组织、领导、参加黑社会性质组织罪，关于对作证人员的保护，下列哪些选项是正确的？(　　)(2014—2—69，多选)
   A. 可指派专人对被害人甲的人身和住宅进行保护
   B. 证人乙可申请不公开真实姓名、住址等个人信息
   C. 法院通知侦查人员丙出庭说明讯问的合法性，为防止黑社会组织报复，对其采取不向被告人暴露外貌、真实声音的措施
   D. 为保护警方卧底丁的人身安全，丁可不出庭作证，由审判人员在庭外核实丁的证言
6. 关于辨认笔录的审查与认定，下列选项正确的是(　　)。(2014—2—93，不定项)
   A. 如对尸体的辨认过程没有录像，则辨认结果不得作为定案证据
   B. 如侦查人员组织辨认时没有见证人在场，则辨认结果不得作为定案的根据
   C. 如在辨认前没有详细向辨认人询问被辨认对象的具体特征，则辨认结果不得作为定案证据
   D. 如对赵某的辨认只有笔录，没有赵某的照片，无法获悉辨认真实情况的，也可补正或进行合理解释
7. 关于证人证言的收集程序和方式存在瑕疵，经补正或者作出合理解释后，可以作为证据使用的情形，下列哪一选项是正确的？(　　)(2012—2—42，单选)
   A. 询问证人时没有个别进行的
   B. 询问笔录反映出在同一时间内，同一询问人员询问不同证人的
   C. 询问聋哑人时应当提供翻译而未提供的
   D. 没有经证人核对确认并签名(盖章)、捺指印的
8. 关于证据的审查判断，下列哪一说法是正确的？(　　)(2011—2—27，单选)
   A. 被害人有生理缺陷，对案件事实的认知和表达存在一定困难，故其陈述在任何情况下都不得采信
   B. 与被告人有利害冲突的证人提供的对被告人不利的证言，在任何情况下都不得采信
   C. 公安机关制作的放火案的勘验、检查笔录没有见证人签名，一律不得采信
   D. 搜查获得的杀人案凶器，未附搜查笔录，不能证明该凶器来源，一律不得采信
9. 具有特定情形的下列哪些证据不能作为定案的根据？(　　)(2011—2—66，多选)
   A. 视听资料的制作时间、地点存有异议，不能作出合理解释，也没有提供必要证明的
   B. 在做DNA检测时送检材料与比对样本属于同一个来源的
   C. 证人在犯罪现场听到被告人喊“给他点厉害瞧瞧”的陈述
   D. 犯罪嫌疑人拒绝签名、盖章而由侦查人员在笔录上注明情况的讯问笔录

第二节　刑事证据的分类

1. 甲驾车将昏迷的乙送往医院，并垫付了医疗费用。随后赶来的乙的家属报警称甲驾车撞倒乙。急救中，乙曾短暂清醒并告诉医生自己系被车辆撞倒。医生将此话告知警察，并称从甲送乙入院时的神态看，甲应该就是肇事者。关于本案证据，下列哪些选项是正确的？(　　)(2016—2—67，多选)
   A. 甲垫付医疗费的行为与交通肇事不具有关联性

B. 乙告知医生“自己系被车辆撞倒”属于直接证据

C. 医生基于之前乙的陈述，告知警察乙系被车辆撞倒，属于传来证据

D. 医生认为甲是肇事者的证词属于符合一般生活经验的推断性证言，可作为定案依据

2. 甲涉嫌盗窃室友乙存放在储物柜中的笔记本电脑一台并转卖他人，但甲辩称该电脑系其本人所有，只是暂存于乙处。下列哪一选项既属于原始证据，又属于直接证据？（　　）（2015—2—25，单选）

A. 侦查人员在乙储物柜的把手上提取的甲的一枚指纹

B. 侦查人员在室友丙手机中直接提取的视频，内容为丙偶然拍下的甲打开储物柜取走电脑的过程

C. 室友丁的证言，内容是曾看到甲将一台相同的笔记本电脑交给乙保管

D. 甲转卖电脑时出具的现金收条

3. 张某伪造、变造国家机关公文、证件、印章案的下列哪一证据既属于言词证据，又属于间接证据？（　　）（2011—2—25，单选）

A. 用于伪造、变造国家机关公文、证件、印章的设备、工具

B. 伪造、变造的国家机关公文、证件、印章

C. 张某关于实施伪造、变造行为的供述

D. 判别国家机关公文、证件、印章真伪的鉴定结论

4. 下列哪一选项既属于原始证据，又属于间接证据？（　　）（2010—2—24，单选）

A. 被告人丁某承认伤害被害人的供述

B. 证人王某陈述看到被告人丁某在案发现场擦拭手上血迹的证言

C. 证人李某陈述被害人向他讲过被告人丁某伤害她的经过

D. 被告人丁某精神病鉴定结论的抄本

第三节　刑事证据的规则

1. 以下证据属于非法证据应予以排除的是（　　）。（模拟题）

A. 公安机关凌晨抓住犯罪嫌疑人，突击审讯到天亮获取的供述

B. 嫌疑人被呛水，无法忍受痛苦作了有罪供述

C. 侦查人员威胁犯罪嫌疑人说：如果不说，就通知税务部门调查你的偷税漏税情况

D. 证人的辨认笔录未经证人签字

2. 下列哪一证据规则属于调整证据证明力的规则？（　　）（2017—2—26，单选）

A. 传闻证据规则　　B. 非法证据排除规则

C. 关联性规则　　D. 意见证据规则

3. 甲涉嫌利用木马程序盗取Q币并转卖他人，公安机关搜查其住处时，发现一个U盘内存储了用于盗取账号密码的木马程序。关于该U盘的处理，下列哪些选项是正确的？（　　）（2017—2—69，多选）

A. 应扣押U盘并制作笔录

B. 检查U盘内的电子数据时，应将U盘拆分过程进行录像

C. 公安机关移送审查起诉时，对U盘内提取的木马程序，应附有该木马程序如何盗取账

号密码的说明

D. 如U盘未予封存，且不能补正或作出合理解释的，U盘内提取的木马程序不得作为定案的根据

4. 公安机关发现一具被焚烧过的尸体，因地处偏僻且天气恶劣，无法找到见证人，于是对勘验过程进行了全程录像，并在笔录中注明原因。法庭审理时，辩护人以勘验时没有见证人在场为由，申请排除勘验现场收集的物证。关于本案证据，下列哪一选项是正确的？（　　）（2016－2－29，单选）

A. 因违反取证程序的一般规定，应当排除

B. 应予以补正或者作出合理解释，否则予以排除

C. 不仅物证应当排除，对物证的鉴定意见等衍生证据也应排除

D. 有勘验过程全程录像并在笔录中已注明理由，不予排除

5. 辩护律师在庭审中对控方证据提出异议，主张这些证据不得作为定案依据。对下列哪些证据的异议，法院应当予以支持？（　　）（2016－2－68，多选）

A. 因证人拒不到庭而无法当庭询问的证人证言

B. 被告人提供了有关刑讯逼供的线索及材料，但公诉人不能证明讯问合法的被告人庭前供述

C. 工商行政管理部门关于查处被告人非法交易行为时的询问笔录

D. 侦查人员在办案场所以外的地点询问被害人所获得的被害人陈述

6. 下列哪一选项属于传闻证据？（　　）（2015－2－26，单选）

A. 甲作为专家辅助人在法庭上就一起伤害案的鉴定意见提出的意见

B. 乙了解案件情况但因重病无法出庭，法官自行前往调查核实的证人证言

C. 丙作为技术人员“就证明讯问过程合法性的同步录音录像是否经过剪辑”在法庭上所作的说明

D. 丁曾路过发生杀人案的院子，其开庭审理时所作的“当时看到一个人从那里走出来，好像喝了许多酒”的证言

7. 关于证据的关联性，下列哪一选项是正确的？（　　）（2014－2－27，单选）

A. 关联性仅指证据事实与案件事实之间具有因果关系

B. 具有关联性的证据即具有可采性

C. 证据与待证事实的关联度决定证据证明力的大小

D. 类似行为一般具有关联性

8. 下列哪一选项所列举的证据属于补强证据？（　　）（2014－2－28，单选）

A. 证明讯问过程合法的同步录像材料

B. 证明获取被告人口供过程合法，经侦查人员签名并加盖公章的书面说明材料

C. 根据被告人供述提取到的隐蔽性极强、并能与被告人供述和其他证据相印证的物证

D. 对与被告人有利害冲突的证人所作的不利被告人的证言的真实性进行佐证的书证

9. 关于非法证据的排除，下列哪些说法是正确的？（　　）（2012－2－67，多选）

A. 非法证据排除的程序，可以根据当事人等申请而启动，也可以由法庭依职权启动

B. 申请排除以非法方法收集的证据的，应当提供相关线索或者材料

C. 检察院应当对证据收集的合法性加以证明

D. 只有确认存在《刑事诉讼法》第 54 条（注：2018 年《刑事诉讼法》已修改为第 56 条）规定的以非法方法收集证据情形时，才可以对有关证据应当予以排除

10. “证人猜测性、评论性、推断性的证言，不能作为证据使用”，系下列哪一证据规则的要求？（　　）（2011－2－26，单选）

A. 传闻证据规则　　B. 意见证据规则

C. 补强证据规则　　D. 最佳证据规则

第四节　刑事诉讼证明

1. 关于我国刑事诉讼的证明主体，下列哪些选项是正确的？（　　）（2017－2－70，多选）

A. 故意毁坏财物案中的附带民事诉讼原告人是证明主体

B. 侵占案中提起反诉的被告人是证明主体

C. 妨害公务案中就执行职务时目击的犯罪情况出庭作证的警察是证明主体

D. 证明主体都是刑事诉讼主体

2. 关于《刑事诉讼法》规定的证明责任分担，下列哪一选项是正确的？（　　）（2016－2－30，单选）

A. 公诉案件中检察院负有证明被告人有罪的责任，证明被告人无罪的责任由被告方承担

B. 自诉案件的证明责任分配依据“谁主张，谁举证”的法则确定

C. 巨额财产来源不明案中，被告人承担说服责任

D. 非法持有枪支案中，被告人负有提出证据的责任

3. 下列哪些选项属于刑事诉讼中的证明对象？（　　）（2016－2－69，多选）

A. 行贿案中，被告人知晓其谋取的系不正当利益的事实

B. 盗窃案中，被告人的亲友代为退赃的事实

C. 强奸案中，用于鉴定的体液检材是否被污染的事实

D. 侵占案中，自诉人申请期间恢复而提出的其突遭车祸的事实，且被告人和法官均无异议

4. 关于死刑案件的证明对象的表述，下列哪些选项是正确的？（　　）（2011－2－74，多选）

A. 被指控的犯罪事实的发生

B. 被告人实施犯罪的时间、地点、手段、后果以及其他情节

C. 被害人有无过错及过错程度

D. 被告人的近亲属是否协助抓获被告人

参考答案及解析

第一节　刑事证据的种类

1. **【答案】** A

【解析】西方一些国家规定了传闻证据排除规则，但在我国，传闻证据在有其他证据佐证或者印证时可以采信。C 错误。《高法解释》第 109 规定："下列证据应当慎重使用，有其他证据印证的，可以采信：(一) 生理上、精神上有缺陷，对案件事实的认知和表达存在一定困难，但尚未丧失正确认知、表达能力的被害人、证人和被告人所作的陈述、证言和供述；(二) 与被告人有亲属关系或者其他密切关系的证人所作的有利被告人的证言，或者与被告人有利害冲突的证人所作的不利被告人的证言。"本案三年级女生其陈述或证言只要能符合其智力认知和精神方面的标准，就可以采信，无需补正。可见，BD 均错误。甲在本案中就自己被猥亵的事实所做的陈述是被害人陈述，就其他人被猥亵所做的陈述为证人证言，A 正确。本题答案是 A。

2. 【答案】A

【解析】根据《关于办理刑事案件收集提取和审查判断电子数据若干问题的规定》第 1 条规定："电子数据是案件发生过程中形成的，以数字化形式存储、处理、传输的，能够证明案件事实的数据。电子数据包括但不限于下列信息、电子文件：手机短信、电子邮件、即时通信、通讯群组等网络应用服务的通信信息。"A 正确。《高法解释》第 93 条规定："对电子邮件、电子数据交换、网上聊天记录、博客、微博客、手机短信、电子签名、域名等电子数据，应当着重审查以下内容：(一) 是否随原始存储介质移送；在原始存储介质无法封存、不便移动或者依法应当由有关部门保管、处理、返还时，提取、复制电子数据是否由二人以上进行，是否足以保证电子数据的完整性，有无提取、复制过程及原始存储介质存放地点的文字说明和签名。"由此可见，电子数据并非一律要求随原始存储介质移送。B 错误。《高法解释》第 94 条规定："视听资料、电子数据具有下列情形之一的，不得作为定案的根据：(一) 经审查无法确定真伪的；(二) 制作、取得的时间、地点、方式等有疑问，不能提供必要证明或者作出合理解释的。"当事人核实认可并非该证据作为定案依据的条件，C 错误。本案中网络聊天记录可以证实甲女提供有偿性服务的意思表示，具有关联性，D 错误。本题答案是 A。

3. 【答案】D

【解析】鉴定意见实行鉴定人负责制度，鉴定意见由鉴定人出具并签名，同时还应加盖鉴定机构的公章，只有鉴定单位公章而无鉴定人签名的，只能证明鉴定人资格，而不能作为证据使用，因此，A 错误。按照《刑事诉讼法》第 62 条第 2 款规定："生理上、精神上有缺陷或者年幼，不能辨别是非、不能正确表达的人，不能作证人。"所以，生理上、精神上有缺陷，完全有可能作为证人，而鉴定人资格不以生理上是否有缺陷为标准，鉴定人有专门资格认定并登记，B 错误。《刑事诉讼法》第 192 条的规定证人和鉴定人出庭是有条件的，不是应当都出庭，C 错误。《最高人民法院关于建立健全防范刑事冤假错案工作机制的意见》第 13 条规定："依法应当出庭作证的证人没有正当理由拒绝出庭或者出庭后拒绝作证，其庭前证言真实性无法确认的，不得作为定案的根据。"《刑事诉讼法》第 192 条第 3 款第 2 句规定："经人民法院通知，鉴定人拒不出庭作证的，鉴定意见不得作为定案的根据。"可见，D 正确。

4. 【答案】D

【解析】《最高人民法院、最高人民检察院、公安部关于办理网络犯罪案件适用刑事诉讼程序若干问题的意见》第12条第1款规定:“询(讯)问异地证人、被害人以及与案件有关联的犯罪嫌疑人的,可以由办案地公安机关通过远程网络视频等方式进行询(讯)问并制作笔录。”由此可见,A错误。该《意见》第14条规定:“由侦查人员、原始存储介质持有人签名或者盖章;持有人无法签名或者拒绝签名的,应当在笔录中注明,由见证人签名或者盖章。有条件的,侦查人员应当对相关活动进行录像。”B错误。该《意见》第16条规定:“远程提取电子数据的,应当说明原因,有条件的,应当对相关活动进行录像。”C错误。该《意见》第18条规定:“对电子数据涉及的专门性问题难以确定的,由司法鉴定机构出具鉴定意见,或者由公安部指定的机构出具检验报告。”D正确。本题答案是D。

5. 【答案】ABD

【解析】按照《刑事诉讼法》第64条第1款规定:“对于危害国家安全犯罪、恐怖活动犯罪、黑社会性质的组织犯罪、毒品犯罪等案件,证人、鉴定人、被害人因在诉讼中作证,本人或者其近亲属的人身安全面临危险的,人民法院、人民检察院和公安机关应当采取以下一项或者多项保护措施:(一)不公开真实姓名、住址和工作单位等个人信息;(二)采取不暴露外貌、真实声音等出庭作证措施;(四)对人身和住宅采取专门性保护措施。”按照《刑事诉讼法》第154条规定:“依照本节规定采取侦查措施收集的材料在刑事诉讼中可以作为证据使用。如果使用该证据可能危及有关人员的人身安全,或者可能产生其他严重后果的,应当采取不暴露有关人员身份、技术方法等保护措施,必要的时候,可以由审判人员在庭外对证据进行核实。”由此可见,A、B、D正确。C选项的侦查人员不享有证人保护的措施,表述错误,不选择。本题答案是A、B、D。

6. 【答案】D

【解析】按照《关于办理死刑案件审查判断证据若干问题的规定》第30条第2款规定:“有下列情形之一的,通过有关办案人员的补正或者作出合理解释的,辨认结果可以作为证据使用:(二)没有向辨认人详细询问辨认对象的具体特征的;(三)对辨认经过和结果没有制作专门的规范的辨认笔录,或者辨认笔录没有侦查人员、辨认人、见证人的签名或者盖章的;(四)辨认记录过于简单,只有结果没有过程的;(五)案卷中只有辨认笔录,没有被辨认对象的照片、录像等资料,无法获悉辨认的真实情况的。”可见,A、B、C均为可补正或者合理解释后采信的情形,其表述均错误,D表述正确。本题答案是D。

7. 【答案】B

【解析】按照《高法解释》第76条规定:“证人证言具有下列情形之一的,不得作为定案的根据:(一)询问证人没有个别进行的;(二)书面证言没有经证人核对确认的;(三)询问聋、哑人,应当提供通晓聋、哑手势的人员而未提供的;(四)询问不通晓当地通用语言、文字的证人,应当提供翻译人员而未提供的。”《高法解释》第77条规定:“证人证言的收集程序、方式有下列瑕疵,经补正或者作出合理解释的,可以采用;不能补正或者作出合理解释的,不得作为定案的根据:(一)询问笔录没有填写询问人、记录人、法定代理人姓名以及询问的起止时间、地点的;(二)询问地点不符合规定的;(三)询问笔录没有记录告知证人有关作证的权利义务和法律责任的;(四)询问笔录反映出在同一时段，同一询问人员询问不同证人的。”由此可见，A、C、D属于不能使用的证据。本题答案是B。

8. 【答案】D

【解析】按照《高法解释》第109条规定：“下列证据应当慎重使用，有其他证据印证的，可以采信：(一) 生理上、精神上有缺陷，对案件事实的认知和表达存在一定困难，但尚未丧失正确认知、表达能力的被害人、证人和被告人所作的陈述、证言和供述；(二) 与被人有亲属关系或者其他密切关系的证人所作的有利被告人的证言，或者与被告人有利害冲突的证人所作的不利被告人的证言。”由此可见，A、B错误。《高法解释》第89条规定，“勘验、检查笔录存在明显不符合法律、有关规定的情形，不能作出合理解释或者说明的，不得作为定案的根据。”C错误。《高法解释》第73条第1款规定，“在勘验、检查、搜查过程中提取、扣押的物证、书证，未附笔录或者清单，不能证明物证、书证来源的，不得作为定案的根据。”可见，D正确。本题答案是D。

9. 【答案】AB

【解析】按照《高法解释》第94条规定，视听资料、电子数据具有下列情形之一的，不得作为定案的根据：(1) 经审查无法确定真伪的；(2) 制作、取得的时间、地点、方式等有疑问，不能提供必要证明或者作出合理解释的。由此可见，A正确。《高法解释》第85条规定，“鉴定意见具有下列情形之一的，不得作为定案的根据：鉴定对象与送检材料、样本不一致的。”做DNA检测时送检材料与比对样本属于同一个来源，说明送检材料与对比样本要么都是来自犯罪现场遗留，要么都是来自被告人、被害人本身，DNA鉴定就没有任何意义，B属于正确答案。“证人在犯罪现场听到被告人喊‘给他点厉害瞧瞧’的陈述”能作为定案的根据，只是证明力大小的问题，C错误。按照《高检规则》第199条规定，“如果犯罪嫌疑人拒绝签名、盖章、捺指印的，检察人员应当在笔录上注明。”《公安部规定》第201条规定，“拒绝签名、盖章、捺指印的，侦查人员应当在笔录上注明。”由此可见，犯罪嫌疑人拒绝签名、盖章，由侦查人员在笔录上注明情况的讯问笔录是可以作为定案的根据的，因此，不应选D。本题答案是A、B。

第二节 刑事证据的分类

1. 【答案】AC

【解析】虽然甲垫付医药费的行为在实际生活中可能与交通肇事具有某种经验上的相关性(很多垫付医药费的人的确就是肇事者本人)，但这种概率并不能作为法律上认定案情的依据，其并不具备法律上的相关性，因此，A正确。直接证据要求该证据信息能够同时揭示行为人和犯罪事实两部分信息，乙告知医生自己被车辆撞倒并不包含行为人的信息，故仍属于间接证据，可见，B错误。并非直接来源案件事实，而是经过转述或复制的证据都是传来证据，因此，C正确。证人只能提供自己亲身感知的客观事实，而不能提供意见、猜测等主观性证言，但符合一般生活经验的推断性证言除外，但D选项中的内容并不能认为符合一般生活经验，仍然属于臆测，由此可见，不能作为定案根据。本题答案是A、C。

2. 【答案】C

【解析】侦查人员提取到的甲的指纹直接来源于案件事实，属于原始证据，但不能独立证明盗窃行为是甲所为，属于间接证据，A 错误。侦查人员在室友丙手机上提取的视频，已经通过手机拍摄活动作为转换渠道，因此属于传来证据，视频内容可以直接证明盗窃行为是甲所为属于直接证据，B 选项错误。室友丁的证言直接来源于案件事实，未经复制、转述，属于原始证据，证言内容可以直接证明甲的交付行为，属于直接证据。C 正确。甲转卖电脑室出具的现金收条不能直接证明盗窃行为是甲所为，属于间接证据。D 错误。本题答案是 C。

3. 【答案】D

【解析】A、B 以客观外在特征证明案件事实，属于典型的实物证据；同时，设备、工具本身不可能单独说明案件主要事实，因此属于间接证据。C 属于言词证据，但能够单独说明案件主要事实，属于直接证据。D 是鉴定人的主观判断意见，属于言词证据；另外，鉴定意见只针对案件的专门性技术问题，而根本不涉及案件普通事实，鉴定意见不可能单独说案件主要事实，只可能为间接证据。本题答案是 D。

4. 【答案】B

【解析】被告人供述直接来源于案件事实，因此是原始证据；但被告人的供述能直接证明案件主要事实，属于直接证据。A 错误。证人王某目睹了案件情况，其证言属于原始证据；由于该证言只能证明被告人丁某在案发现场，不能单独、直接的说明本案主要事实，属于间接证据，B 正确。证人李某的证言虽能单独说明案件主要事实，属于直接证据，该证言来自被害人向他的讲述，属于传来证据，而不是原始证据，C 错误。精神病鉴定的抄本属于第二手材料，为传来证据，而非原始证据，D 错误。本题答案是 B。

第三节　刑事证据的规则

1. 【答案】B

【解析】按照《刑事诉讼法》第 86 条、第 94 条的规定，不论是拘留，还是逮捕，都应当在抓捕后 24 小时内讯问，而且讯问时间一般不超过 12 小时，从凌晨到天亮显然没有超过 12 小时，因此，A 选项的供述合法，不予排除。《刑事案件非法证据排除规则》第 2 条规定："采取殴打、违法使用戒具等暴力方法或者变相肉刑的恶劣手段，使犯罪嫌疑人、被告人遭受难以忍受的痛苦而违背意愿作出的供述，应当予以排除。"呛水属于变相肉刑，由此获得的供述应当排除，符合题意，B 选择。《刑事案件非法证据排除规则》第 3 条规定："采用以暴力或者严重损害本人及其近亲属合法权益等进行威胁的方法，使犯罪嫌疑人、被告人遭受难以忍受的痛苦而违背意愿作出的供述，应当予以排除。"C 选项的威胁只是普通的威胁，没有强调达到"难以忍受的痛苦"的标准，C 错误。证人证言如果没有证人核对确认并签字的，应当不采信，即予以排除。但是就辨认笔录而言，没有签字，可以补正或者合理解释，不是必须排除，D 错误。本题答案是 B。

2. 【答案】C

【解析】证据规则可以分为两类：第一，调整证据证明能力的规则，它解决的是证据资格的问题，如非法证据排除规则、传闻证据规则、意见证据规则、最佳证据规则。第二，调整证据证明力的规则，它解决的是证据证明价值大小的问题，比如关联性规则、补强证据规则。本题答案是C。

3. 【答案】ABCD

【解析】按照最高人民法院、最高人民检察院、公安部《关于办理刑事案件收集提取和审查判断电子数据若干问题的规定》第8条第1款规定："收集、提取电子数据，能够扣押电子数据原始存储介质的，应当扣押、封存原始存储介质，并制作笔录，记录原始存储介质的封存状态。"由此可见，A正确。该规定的第16条第2款规定："电子数据检查，应当对电子数据存储介质拆封过程进行录像，并将电子数据存储介质通过写保护设备接入到检查设备进行检查；有条件的，应当制作电子数据备份，对备份进行检查；无法使用写保护设备且无法制作备份的，应当注明原因，并对相关活动进行录像。"由此可见，B正确。该规定第18条第2款规定："对网页、文档、图片等可以直接展示的电子数据，可以不随案移送打印件；人民法院、人民检察院因设备等条件限制无法直接展示电子数据的，侦查机关应当随案移送打印件，或者附展示工具和展示方法说明。"U盘内提取的木马程序如何盗取账号密码无法直接展示，故应附展示工具和展示方法的说明，C正确。该规定第27条规定："电子数据的收集、提取程序有下列瑕疵，经补正或者作出合理解释的，可以采用；不能补正或者作出合理解释的，不得作为定案的根据：(一)未以封存状态移送的。"可见，D正确。本题答案是A、B、C、D。

4. 【答案】D

【解析】根据《高法解释》第73条规定："在勘验、检查、搜查过程中提取、扣押的物证、书证，未附笔录或者清单，不能证明物证、书证来源的，不得作为定案的根据。物证、书证的收集程序、方式有下列瑕疵，经补正或者作出合理解释的，可以采用：(一)勘验、检查、搜查、提取笔录或者扣押清单上没有侦查人员、物品持有人、见证人签名，或者对物品的名称、特征、数量、质量等注明不详的。"可见，没有见证人并非直接排除的理由，故A、C错误。本题已经进行了全程录像，并在笔录中注明了原因，可以不予排除，B错误，D正确。本题答案是D。

5. 【答案】BC

【解析】根据《高法解释》第78条第3款规定："经人民法院通知，证人没有正当理由拒绝出庭或者出庭后拒绝作证，法庭对其证言的真实性无法确认的，该证人证言不得作为定案的根据。"拒不到庭而无法当庭询问的证言并非一律加以排除，A不符合题意，错误。在审判阶段，非法证据排除程序中应由公诉人承担证明责任。《高法解释》第102条规定："经审理，确认或者不能排除存在刑事诉讼法第五十四条规定的以非法方法收集证据情形的，对有关证据应当排除。"B符合题意，正确。按照《刑事诉讼法》第54条第2款的规定："行政机关在行政执法和查办案件过程中收集的物证、书证、视听资料、电子数据等证据材料，在刑事诉讼中可以作为证据使用。"由此可见，行政机关的询问笔录并非可以直接在刑诉中运用的证据种类，C表述符合题意，正确。《刑事诉讼法》第124条第1款规定："侦查人员询问证人，可以在现场进行，也可以到证人所在单位、住处或者证人提出的地点进行，在必要的时候，可以通知证人到人民检察院或者公安机关提供证言。"由此可见，D不符合题意，错误。本题答案是B、C。

6. 【答案】B

【解析】传闻证据有两种形式：一是书面传闻证据，即亲身感受了案件事实的证人在庭审期日之外所作的书面证人证言，及警察、检察人员所作的（证人）询问笔录；二是言词传闻证据，即证人并非就自己亲身感知的事实作证，而是向法庭转述他从别人那里听到的情况。甲作为专家辅助人在法庭上凭借自己的专业知识对鉴定意见提出意见，不属于传闻证据，A 错误。乙的证人证言为法官自行前往法庭外调查核实，属于书面传闻证据，B 正确。丙作为专家辅助人在法庭上凭借自己的专业知识作出说明，不属于传闻证据，C 错误。丁在开审理时就其目睹的案件事实作证，不属于传闻证据，D 错误。本题答案是 B。

7. 【答案】C

【解析】证据的关联性指的是证据必须与案件事实具有客观联系，对证明案件事实具有某种实际意义，而不是指证据事实和案件事实之间具有因果关系，A 错误。具有关联性的证据未必具有可采性，还要同时符合合法性、客观性，B 错误。证据的关联性是证据证明力的原因，证明力的大小取决于证据本身与案件事实有无联系以及联系的紧密和强弱程度，C 正确。类似行为、前科、品格证据因为与本案无关，因而不具有关联性，D 错误。本题答案是 C。

8. 【答案】D

【解析】补强证据是用于补强主证据的证明力，担保主证据的客观真实性，补强证据并非补强主证据的证据能力。在 A 选项中，用讯问过程同步录像材料对口供合法性进行证明，属于证明供述合法性问题，即证据资格或者证据能力问题，A 不符合题意。B 选项中证明获取口供过程合法的书面说明材料，其本身并非证据，因为补强证据必须也是本案的证据，B 不符合题意。C 选项中的口供和作案工具，均由同一个主体（即被告人）提供的，补强证据的基本条件之一是不能出自同一个来源，C 错误。在 D 选项中，由于证人证言存在虚假可能，由书证对其真实性进行补强，属于补强证据。本题答案是 D。

9. 【答案】ABC

【解析】《刑事诉讼法》第 58 条第 1 款规定："法庭审理过程中，审判人员认为可能存在本法第 56 条规定的以非法方法收集证据情形的，应当对证据收集的合法性进行法庭调查。当事人及其辩护人、诉讼代理人有权申请人民法院对以非法方法收集的证据依法予以排除。"可见，非法证据排除程序的启动方式包括法院依职权启动和当事人申请两种。A 正确。申请排除以非法方法收集的证据的，应当提供相关线索或者材料。B 正确。《刑事诉讼法》59 条第 1 款规定："在对证据收集的合法性进行法庭调查的过程中，人民检察院应当对证据收集的合法性加以证明"。C 选项正确。《刑事诉讼法》第 60 条规定："对于经过法庭审理，确认或者不能排除存在本法第 56 条规定的以非法方法收集证据情形的，对有关证据应当予以排除。"由此可见，非法证据排除的标准是"确认排除"或者"存疑排除"。D 错误。本题答案是 A、B、C。

10. 【答案】B

【解析】传闻证据规则是指法律排除传闻证据作为认定犯罪事实的根据的规则。证人猜测性、评论性、推断性的证言不属于传闻，A 错误。意见证据规则是指证人只能陈述自己亲身感受和经历的事实，而不得陈述对该事实的意见或结论，B 正确。补强证据是指用以增强另一证据证明力的证据，C错误。最佳证据规则是指以文字、符号、图形等方式记载的内容来证明案情时，其原件才是最佳证据，D错误。本题答案是B。

第四节　刑事诉讼证明

1. 【答案】ABD

【解析】按照《高法解释》第151条规定："附带民事诉讼当事人对自己的提出的主张，有责任提供证据。"A正确。《高法解释》第277条规定："告诉才处理和被害人有证据证明的轻微刑事案件的被告人或者其法定代理人在诉讼过程中，可以对自诉人提起反诉。反诉案件适用自诉案件的规定，应当与自诉案件一并审理。"自诉案件应当由自诉人承担证明责任，故侵占案中提起反诉的被告人是证明主体。由此可见，B正确。妨害公务案中就执行职务时目击的犯罪情况出庭作证的警察是证人，证人不承担证明责任，因而不是证明主体。所以，C不正确。证明主体包括公诉人、自诉人、反诉人以及附带民事诉讼的当事人，他们都是刑事诉讼主体，D正确。本题答案是A、B、D。

2. 【答案】D

【解析】按照《刑事诉讼法》第51条规定："公诉案件中被告人有罪的举证责任由人民检察院承担，自诉案件中被告人有罪的举证责任由自诉人承担。"被告人不负证明自己无罪的责任。由此可见，A、B均错误。举证责任或者证明责任包括提出证据责任和说服（法庭）的责任。在巨额财产来源不明和非法持有型犯罪中，被告人负有提出证据（能证明其行为或者财物合法性）的责任，而非说服责任，C错误，D正确。本题答案是D。

3. 【答案】AB

【解析】被告人知晓其谋取的系不正当利益的事实，以及被告人的亲友代为退赃的事实都是与定罪量刑有关的实体法事实，都属于刑事诉讼中的证明对象，因此，A、B正确。用于鉴定的体液检材是否被污染的事实属于程序法事实，而程序法事实如果没有异议就不会成为证明对象，题目并未说明控辩双方、法院对此是否存在异议，并非一定就是证明对象，情况不明，不选择，C错误。同样道理，D无需证明，不是证明对象。本题答案是A、B。

4. 【答案】ABCD

【解析】按照《关于办理死刑案件审查判断证据若干问题的规定》第5条第3款规定，办理死刑案件，对于以下事实的证明必须达到证据确实、充分：(1)被指控的犯罪事实的发生；(2)被告人实施了犯罪行为与被告人实施犯罪行为的时间、地点、手段、后果以及其他情节。由此可见，A、B正确。按照《关于办理死刑案件审查判断证据若干问题的规定》第36条规定，在对被告人作出有罪认定后，人民法院认定被告人的量刑事实，除审查法定情节外，还应当审查的影响量刑的情节包括：被害人有无过错及过错程度、被告人的近亲属是否协助抓获被告人等。可见，C、D正确。本题答案是A、B、C、D。

第八章　强制措施

第一节　强制措施概述

我国强制措施的适用应遵循变更性原则。下列哪些情形符合变更性原则的要求？（　　）（2017—2—71，多选）

A. 拘传期间因在身边发现犯罪证据而直接予以拘留

B. 犯罪嫌疑人在取保候审期间被发现另有其他罪行，要求其相应地增加保证金的数额

C. 犯罪嫌疑人在取保候审期间违反规定后对其先行拘留

D. 犯罪嫌疑人被羁押的案件，不能在法律规定的侦查羁押期限内办结的，予以释放

第二节　拘传

关于拘传，下列哪些说法是正确的？（　　）（2012—2—66，多选）

A. 对在现场发现的犯罪嫌疑人，经出示工作证件可以口头拘传，并在笔录中注明

B. 拘传持续的时间不得超过 12 小时

C. 案情特别重大、复杂，需要采取拘留、逮捕措施的，拘传持续的时间不得超过 24 小时

D. 对于被拘传的犯罪嫌疑人，可以连续讯问 24 小时

第三节　取保候审

1. 甲与邻居乙发生冲突致乙轻伤，甲被刑事拘留期间，甲的父亲代为与乙达成和解，公安机关决定对甲取保候审。关于甲在取保候审期间应遵守的义务，下列哪一选项是正确的？（　　）（2016—2—31，单选）

A. 将驾驶证件交执行机关保存

B. 不得与乙接触

C. 工作单位调动的，在 24 小时内报告执行机关

D. 未经公安机关批准，不得进入特定的娱乐场所

2. 未成年人郭某涉嫌犯罪被检察院批准逮捕。在审查起诉中，经羁押必要性审查，拟变更为取保候审并适用保证人保证。关于保证人，下列哪一选项是正确的？（　　）（2014—2—30，单选）

A. 可由郭某的父亲担任保证人，并由其交纳 1000 元保证金

B. 可要求郭某的父亲和母亲同时担任保证人

C. 如果保证人协助郭某逃匿，应当依法追究保证人的刑事责任，并要求其承担相应的民事连带赔偿责任

D. 保证人未履行保证义务应处罚款的，由检察院决定

3. 关于取保候审的程序限制，下列哪一选项是正确的？（　　）（2013－2－31，单选）
A. 保证金应当由决定机关统一收取，存入指定银行的专门账户
B. 对于可能判处徒刑以上刑罚的，不得采取取保候审措施
C. 对同一犯罪嫌疑人不得同时使用保证金担保和保证人担保两种方式
D. 对违反取保候审规定，需要予以逮捕的，不得对犯罪嫌疑人、被告人先行拘留
4. 关于被法院决定取保候审的被告人在取保候审期间应当遵守的法定义务，下列哪些选项是正确的？（　　）（2010－2－68，多选）
A. 未经法院批准不得离开所居住的市、县
B. 未经公安机关批准不得会见他人
C. 在传讯的时候及时到案
D. 不得以任何形式干扰证人作证

第四节　监视居住

在符合逮捕条件时，对下列哪些人员可以适用监视居住措施？（　　）（2012－2－68，多选）
A. 甲患有严重疾病、生活不能自理
B. 乙正在哺乳自己婴儿
C. 丙系生活不能自理的人的唯一扶养人
D. 丁系聋哑人

第五节　拘留

1. 甲、乙（户籍地均为M省A市）共同运营一条登记注册于A市的远洋渔船。某次在公海捕鱼时，甲乙二人共谋杀害了与他们素有嫌隙的水手丙。该船回国后首泊于M省B市港口以作休整，然后再航行至A市。从B市起航后，在途经M省C市航行至A市过程中，甲因害怕乙投案自首一直将乙捆绑拘禁于船舱。该船于A市靠岸后案发。关于本案强制措施的适用，下列选项正确的是（　　）（2016－2－93，不定项）
A. 拘留甲后，应在送看守所羁押后24小时以内通知甲的家属
B. 如有证据证明甲参与了故意杀害丙，应逮捕甲
C. 拘留乙后，应在24小时内进行讯问
D. 如乙因捆绑拘禁时间过长致身体极度虚弱而生活无法自理的，可在拘留后转为监视居住
2. 章某涉嫌故意伤害致人死亡，因犯罪后企图逃跑被公安机关先行拘留。关于本案程序，下列哪一选项是正确的？（　　）（2015－2－28，单选）
A. 拘留章某时，必须出示拘留证
B. 拘留章某后，应在12小时内将其送看守所羁押
C. 拘留后对章某的所有讯问都必须在看守所内进行
D. 因怀疑章某携带管制刀具，拘留时公安机关无需搜查证即可搜查其身体
3. 甲涉嫌黑社会性质组织犯罪，10月5日上午10时被刑事拘留。下列哪一处置是违法的？

(　　)(2012—2—29，单选)

A. 甲于当月6日上午10时前被送至看守所羁押

B. 甲涉嫌黑社会性质组织犯罪，因考虑通知家属有碍进一步侦查，决定暂不通知

C. 甲在当月6日被送至看守所之前，公安机关对其进行了讯问

D. 讯问后，发现甲依法需要逮捕，当月8日提请检察院审批

第六节　逮捕

1. 赵钱孙李四人抢劫商场，赵某被逮捕，钱某被拘留，孙某和李某被取保候审，后法院一审宣判赵某无期徒刑，钱某十年有期徒刑，孙某免予刑事处罚，李某无罪，四名被告人均未上诉，检察院未抗诉。法院宣判后，下列哪些强制措施的处理是正确的？(　　)(模拟题)

A. 对孙某应当释放或者变更强制措施　　B. 对李某应当释放

C. 对赵某逮捕羁押的期间折抵刑期　　D. 对钱某拘留的期间折抵刑期

2. 甲涉嫌盗窃罪被逮捕。在侦查阶段，甲父向检察院申请进行羁押必要性审查。关于羁押必要性审查的程序，下列哪一选项是正确的？(　　)(2017—2—27，单选)

A. 由检察院侦查监督部门负责

B. 审查应不公开进行

C. 检察院可向公安机关了解本案侦查取证的进展情况

D. 如对甲父的申请决定不予立案的，应由检察长批准

3. 甲、乙涉嫌非法拘禁罪被取保候审。本案提起公诉后，法院认为对甲可继续适用取保候审，乙因有伪造证据的行为而应予逮捕。对于法院适用强制措施，下列哪些选项是正确的？(　　)(2017—2—72，多选)

A. 对甲可变更为保证人保证

B. 决定逮捕之前可先行拘留乙

C. 逮捕乙后应在24小时内讯问

D. 逮捕乙后，同级检察院可主动启动对乙的羁押必要性审查

4. 甲乙二人涉嫌猥亵儿童，甲被批准逮捕，乙被取保候审。案件起诉到法院后，乙被法院决定逮捕。关于本案羁押必要性审查，下列哪一选项是正确的？(　　)(2016—2—32，单选)

A. 在审查起诉阶段对甲进行审查，由检察院公诉部门办理

B. 对甲可进行公开审查并听取被害儿童法定代理人的意见

C. 检察院可依职权对乙进行审查

D. 经审查发现乙系从犯、具有悔罪表现且可能宣告缓刑，不予羁押不致发生社会危险性的，检察院应要求法院变更强制措施

5. 下列哪些情形，法院应当变更或解除强制措施？(　　)(2016—2—70，多选)

A. 甲涉嫌绑架被逮捕，案件起诉至法院时发现怀有身孕

B. 乙涉嫌非法拘禁被逮捕，被法院判处有期徒刑2年，缓期2年执行，判决尚未发生法律效力

C. 丙涉嫌妨害公务被逮捕，在审理过程中突发严重疾病

D. 丁涉嫌故意伤害被逮捕，因对被害人伤情有异议而多次进行鉴定，致使该案无法在法律规定的一审期限内审结

6. 检察机关审查批准逮捕，下列哪些情形存在时应当讯问犯罪嫌疑人？（　　）（2013－2－67，多选）

A. 犯罪嫌疑人的供述前后反复且与其他证据矛盾

B. 犯罪嫌疑人要求向检察机关当面陈述

C. 侦查机关拘留犯罪嫌疑人36小时以后将其送交看守所羁押

D. 犯罪嫌疑人是聋哑人

7. 根据《人民检察院办理未成年人刑事案件的规定》，关于检察院审查批捕未成年犯罪嫌疑人，下列哪些做法是正确的？（　　）（2010－2－78，多选）

A. 讯问未成年犯罪嫌疑人，应当通知法定代理人到场

B. 讯问女性未成年犯罪嫌疑人，应当有女检察人员参加

C. 讯问未成年犯罪嫌疑人一般不得使用戒具

D. 对难以判断犯罪嫌疑人实际年龄，影响案件认定的，应当作出不批准逮捕的决定

参考答案及解析

第一节　强制措施概述

【答案】ACD

【解析】按照《刑事诉讼法》第82条规定：“公安机关对于现行犯或者重大嫌疑分子，如果有下列情形之一的，可以先行拘留：在身边或者住处发现有犯罪证据的。”由此可见，拘传期间因在身边发现犯罪证据，可以予以拘留。A正确。发现违法犯罪的，依法没收其保证金，而非增加保证金，B本身不合法。《刑事诉讼法》第71条第4款规定：“对违反取保候审规定，需要予以逮捕的，可以对犯罪嫌疑人、被告人先行拘留。”这体现了变更性原则的要求，C正确。按照《刑事诉讼法》第98条规定：“犯罪嫌疑人、被告人被羁押的案件，不能在该法规定的侦查羁押、审查起诉、一审、二审期限内办结的，对犯罪嫌疑人、被告人应当予以释放；需要继续查证、审理的，对犯罪嫌疑人、被告人可以取保候审或者监视居住。”D符合题意，正确。本题答案是A、C、D。

第二节　拘传

【答案】BC

【解析】按照《刑事诉讼法》第119条第1款规定，对在现场发现的犯罪嫌疑人，经出示工作证件，可以口头传唤，但应当在讯问笔录中注明。该条并未规定可以口头拘传。由此可见，A错误。按照《刑事诉讼法》第119条第2款规定，传唤、拘传持续的时间不得超过12小时；案情特别重大、复杂，需要采取拘留、逮捕措施的，传唤、拘传持续的时间不得超过24小时。由此可见，B、C正确。只有案情特别重大、复杂，需要采取拘留、逮捕措施的，讯问才可以是不超过24小时（含24小时），而D选项题干并未说明案情条件，D错误。本题答案是B、C。

第三节　取保候审

1. 【答案】C

【解析】按照《刑事诉讼法》第 71 条第 1 款、第 2 款规定："被取保候审的犯罪嫌疑人、被告人应当遵守以下规定：（一）未经执行机关批准不得离开所居住的市、县；（二）住址、工作单位和联系方式发生变动的，在二十四小时以内向执行机关报告；（三）在传讯的时及时到案；（四）不得以任何形式干扰证人作证；（五）不得毁灭、伪造证据或者串供。人民法院、人民检察院和公安机关可以根据案件情况，责令被取保候审的犯罪嫌疑人、被告人遵守以下一项或者多项规定：（一）不得进入特定的场所；（二）不得与特定的人员会见或者通信；（三）不得从事特定的活动；（四）将护照等出入境证件、驾驶证件交执行机关保存。"由此可见，A、B、D 酌定适用的义务，而非法定的"应当"遵守的义务，C 正确。本题答案是 C。

2. 【答案】B

【解析】保证人保证和保证金保证不得同时并用，A 错误。按照《高检规则》条第 3 款规定："对符合取保候审条件，具有下列情形之一的犯罪嫌疑人，人民检察院决定取保候审时，可以责令其提供一至二名保证人：（一）无力交纳保证金的；（二）系未成年人或者已满七十五周岁的人；（三）其他不宜收取保证金的。"B 正确。按照《刑事诉讼法》第 70 条第 2 款规定："被保证人有违反本法第七十一条规定的行为，保证人未履行保证义务的，对保证人处以罚款，构成犯罪的，依法追究刑事责任。"由此可见，保证人并不承担民事责任，C 错误。按照《高检规则》第 98 条规定："人民检察院发现保证人没有履行刑事诉讼法第六十八条的规定的义务，应当通知公安机关，要求公安机关对保证人作出罚款决定。"对保证人罚款决定机关为公安机关，D 错误。本题答案是 B。

3. 【答案】C

【解析】按照《刑事诉讼法》第 72 条第 2 款规定："提供保证金的人应当将保证金存入执行机关指定银行的专门账户。"可见，A 错误。《刑事诉讼法》第 67 条规定："人民法院、人民检察院和公安机关对有下列情形之一的犯罪嫌疑人、被告人，可以取保候审：（一）可能判处管制、拘役或者独立适用附加刑的；（二）可能判处有期徒刑以上刑罚，采取取保候审不致发生社会危险性的；（三）患有严重疾病、生活不能自理，怀孕或者正在哺乳自己婴儿的妇女，采取取保候审不致发生社会危险性的；（四）羁押期限届满，案件尚未办结，需要采取取保候审的。"可见，B 错误。保证人和保证金不可同时适用，C 正确。《刑事诉讼法》第 71 条规定："对违反取保候审规定，需要予以逮捕的，可以对犯罪嫌疑人、被告人先行拘留。"D 错误。本题答案是 C。

4. 【答案】CD

【解析】按照本节第 1 题法条（《刑事诉讼法》第 71 条）的规定，本题答案是 C、D。

第四节　监视居住

【答案】ABC

【解析】按照《刑事诉讼法》第 74 条第 1 款规定："人民法院、人民检察院和公安机关对符合逮捕条件，有下列情形之一的犯罪嫌疑人、被告人，可以监视居住：(1) 患有严重疾病、生活不能自理的；(2) 怀孕或者正在哺乳自己婴儿的妇女；(3) 系生活不能自理的人的唯一扶养人；(4) 因为案件的特殊情况或者办理案件的需要，采取监视居住措施更为适宜的；(5) 羁押期限届满，案件尚未办结，需要采取监视居住措施的。”因此，A、B、C 正确，D 错误。本题答案是 A、B、C。

第五节 拘留

1. 【答案】BCD

【解析】按照《刑事诉讼法》第 85 条规定：“公安机关拘留人的时候，必须出示拘留证。拘留后，应当立即将被拘留人送看守所羁押，至迟不得超过二十四小时。除无法通知或者涉嫌危害国家安全犯罪、恐怖活动犯罪通知可能有碍侦查的情形以外，应当在拘留后二十四小时以内，通知被拘留人的家属。有碍侦查的情形消失以后，应当立即通知被拘留人的家属。”

应当在拘留后 24 小时内而非送看守所羁押后 24 小时内通知家属，A 错误。根据《高检规则》第 139 条第 1 款规定，人民检察院对有证据证明有犯罪事实，可能判处徒刑以上刑罚的犯罪嫌疑人，采取取保候审尚不足以防止发生社会危险性的，应当予以逮捕。按照《高检规则》第 140 条第 1 款规定：“对有证据证明有犯罪事实，可能判处十年有期徒刑以上刑罚的犯罪嫌疑人，应当批准或者决定逮捕。”故意杀人罪属于可能判处 10 年以上有期徒刑的犯罪，属于应当逮捕的情形，B 正确。按照《刑事诉讼法》第 86 条规定：“公安机关对被拘留的人，应当在拘留后的 24 小时以内进行讯问。在发现不应当拘留的时候，必须立即释放，发给释放证明。”由此可见，C 正确。按照《刑事诉讼法》第 74 条规定：“人民法院、人民检察院和公安机关对符合逮捕条件，有下列情形之一的犯罪嫌疑人、被告人，可以监视居住：患有严重疾病、生活不能自理的。”D 正确。本题答案是 B、C、D。

2. 【答案】D

【解析】按照《刑事诉讼法》第 82 条规定：“公安机关对于现行犯或者重大嫌疑分子，如果有下列情形之一的，可以先行拘留：犯罪后企图自杀、逃跑或者在逃的。”先行拘留无须出示拘留证，A 错误。按照《刑事诉讼法》第 85 条第 2 款规定：“拘留后，应当立即将被拘留人送看守所羁押，至迟不得超过二十四小时。”B 错误。按照《刑事诉讼法》第 118 条第 2 款规定：“犯罪嫌疑人被送交看守所羁押以后，侦查人员对其进行讯问，应当在看守所内进行。”如果公安机关在 24 小时之内没有将犯罪嫌疑人送看守所羁押，讯问就不在看守所，C 错误。《刑事诉讼法》第 138 条第 2 款规定：“在执行逮捕、拘留的时候，遇有紧急情况，不另用搜查证也可以进行搜查。”携带管制刀具属于法定的紧急情况，D 正确。本题答案是 D。

3. 【答案】B

【解析】按照《刑事诉讼法》第 85 条第 2 款规定：“拘留后，应当立即将被拘留人送看守所羁押，至迟不得超过 24 小时。”甲 10 月 5 日上午 10 时被刑事拘留，当月 6 日上午 10 时前被送至看守所羁押，并未超出 24 小时限制，A 不违法。《刑事诉讼法》第 85 条第 2 款规定：“除无法通知或者涉嫌危害国家安全犯罪、恐怖活动犯罪通知可能有碍侦查的情形以外，应当在拘留后24小时以内，通知被拘留人的家属。”甲涉嫌黑社会性质组织犯罪，不属于因有碍侦查而可以不通知的情形，B违法。只要在刑事立案后，侦查机关即可讯问甲，与犯罪嫌疑人是否被羁押无关。C不违法。按照《刑事诉讼法》第91条规定：“公安机关对被拘留的人，认为需要逮捕的，应当在拘留后的3日以内，提请人民检察院审查批准。在特殊情况下，提请审查批准的时间可以延长1日至4日。”D符合法律规定。本题答案是B。

第六节　逮捕

1. 【答案】BD

【解析】按照《高法解释》第134条规定：“第一审人民法院判决被告人无罪、不负刑事责任或者免除刑事处罚，被告人在押的，应当在宣判后立即释放。”可见，A错误，不存在“变更强制措施”，B正确。《刑法》第47条规定：“有期徒刑的刑期，从判决执行之日起计算；判决执行以前先行羁押的，羁押一日折抵刑期一日。”可见，D正确。赵某被判处无期徒刑，不存在折抵刑期的问题，C错误。本题答案是B、D。

2. 【答案】C

【解析】按照《人民检察院办理羁押必要性审查案件规定（试行）》第3条规定：“羁押必要性审查案件由办案机关对应的同级人民检察院刑事执行检察部门统一办理，侦查监督、公诉、侦查、案件管理、检察技术等部门予以配合。”可见，A错误。第14条第1款规定：“人民检察院可以对羁押必要性审查案件进行公开审查。但是，涉及国家秘密、商业秘密、个人隐私的案件除外。”甲涉嫌盗窃罪，不属于涉及国家秘密、商业秘密和个人隐私案件，检察院可以公开审查也可以不公开审查。因此，B错误。第12条第2款规定：“对于无理由或者理由明显不成立的申请，或者经人民检察院审查后未提供新的证明材料或者没有新的理由而再次申请的，由检察官决定不予立案，并书面告知申请人。”可见，D错误。本题答案是C。

3. 【答案】ACD

【解析】根据《最高人民法院、最高人民检察院、公安部、国家安全部关于取保候审若干问题的规定》第22条的规定：“在侦查或者审查起诉阶段已经采取取保候审的，案件移送至审查起诉或者审判阶段时，如果需要继续取保候审，或者需要变更保证方式或强制措施的，受案机关应当在七日内作出决定，并通知执行机关和移送案件的机关。受案机关决定继续取保候审的，应当重新作出取保候审决定。对继续采取保证金方式取保候审的，原则上不变更保证金数额，不再重新收取保证金。取保候审期限即将届满，受案机关仍未作出继续取保候审、变更保证方式或者变更强制措施决定的，执行机关应当在期限届满十五日前书面通知受案机关。受案机关应当在原取保候审期限届满前作出决定，并通知执行机关和移送案件的机关。”由此可见，A正确。法院没有刑事拘留适用权，B错误。《刑事诉讼法》第94条规定：“人民法院、人民检察院对于各自决定逮捕的人，公安机关对于经人民检察院批准逮捕的人，都必须在逮捕后的24小时以内进行讯问。在发现不应当逮捕的时候，必须立即释放，发给释放证明。”C正确。羁押必要性审查既可以依职权主动审查，也可以依申请审查，D正确。本题答案是A、C、D。

4. 【答案】C

【解析】按照《人民检察院办理羁押必要性审查案件规定（试行）》第3条规定："羁押必要性审查案件由办案机关对应的同级人民检察院刑事执行检察部门统一办理，侦查监督、公诉、侦查、案件管理、检察技术等部门予以配合。"A错误。规定第14条第1款规定："人民检察院可以对羁押必要性审查案件进行公开审查。但是，涉及国家秘密、商业秘密、个人隐私的案件除外。"由于本案属于个人隐私的案件，B错误。该规定第11条规定："刑事执行检察部门对本院批准逮捕和同级人民法院决定逮捕的犯罪嫌疑人、被告人，应当依职权对羁押必要性进行初审。"C正确。该规定第18条规定："经羁押必要性审查，发现犯罪嫌疑人、被告人具有下列情形之一，且具有悔罪表现，不予羁押不致发生社会危险性的，可以向办案机关提出释放或者变更强制措施的建议：（十一）可能被判处一年以下有期徒刑或者宣告缓刑的。"检察院"可以"而非"应当"要求法院变更强制措施，D错误。本题答案是C。

5. 【答案】BD

【解析】按照《高法解释》第133条规定："被逮捕的被告人具有下列情形之一的，人民法院可以变更强制措施：（一）患有严重疾病、生活不能自理的；（二）怀孕或者正在哺乳自己婴儿的；（三）系生活不能自理的人的唯一扶养人。"由此可见，A错误，C错误。按照《高法解释》第134条规定："第一审人民法院判决被告人无罪、不负刑事责任或者免除刑事处罚，被告人在押的，应当在宣判后立即释放。被逮捕的被告人具有下列情形之一的，人民法院应当变更强制措施或者予以释放：（一）第一审人民法院判处管制、宣告缓刑、单独适用附加刑，判决尚未发生法律效力的；（二）被告人被羁押的时间已到第一审人民法院对其判处的刑期期限的；（三）案件不能在法律规定的期限内审结的。"由此可见，B、D属于应当变更的情形。本题答案是B、D。

6. 【答案】ABCD

【解析】按照《高检规则》第305条第1款规定："侦查监督部门办理审查逮捕案件，可以讯问犯罪嫌疑人；有下列情形之一的，应当讯问犯罪嫌疑人：（一）对是否符合逮捕条件有疑问的；（二）犯罪嫌疑人要求向检察人员当面陈述的；（三）侦查活动可能有重大违法行为的；（四）案情重大疑难复杂的；（五）犯罪嫌疑人系未成年人的；（六）犯罪嫌疑人是盲、聋、哑人或者是尚未完全丧失辨认或者控制自己行为能力的精神病人的。"根据这一规定，本题答案是A、B、C、D。

7. 【答案】ABCD

【解析】根据《人民检察院办理未成年人刑事案件的规定》第17条第4款规定："讯问未成年犯罪嫌疑人，应当通知法定代理人到场，告知法定代理人依法享有的诉讼权利和应当履行的义务。"可见，A正确。该规定第17条第7款规定："讯问女性未成年犯罪嫌疑人，应当有女性检察人员参加。"可见，B正确。该规定第18条规定："讯问未成年犯罪嫌疑人一般不得使用戒具。"可见，C正确。该规定第14条规定："审查逮捕未成年犯罪嫌疑人，应当重点审查其是否已满14、16、18周岁。对犯罪嫌疑人实际年龄难以判断，影响对该犯罪嫌疑人是否应当负刑事责任的，应当不批准逮捕，需要补充侦查的，同时通知公安机关。"可见，D正确。本题答案是A、B、C、D。

第九章 附带民事诉讼

第一节 附带民事诉讼概述

1. 甲系某地交通运输管理所工作人员，在巡查执法时致一辆出租车发生重大交通事故，司机乙重伤，乘客丙当场死亡，出租车严重受损。甲以滥用职权罪被提起公诉。关于本案处理，下列哪一选项是正确的？（ ）（2017—2—28，单选）
   A. 乙可成为附带民事诉讼原告人
   B. 交通运输管理所可成为附带民事诉讼被告人
   C. 丙的妻子提起附带民事诉讼的，法院应裁定不予受理
   D. 乙和丙的近亲属可与甲达成刑事和解
2. 法院可以受理被害人提起的下列哪一附带民事诉讼案件？（ ）（2015—2—30，单选）
   A. 抢夺案，要求被告人赔偿被夺走并变卖的手机
   B. 寻衅滋事案，要求被告人赔偿所造成的物质损失
   C. 虐待被监管人案，要求被告人赔偿因体罚虐待致身体损害所产生的医疗费
   D. 非法搜查案，要求被告人赔偿因非法搜查所导致的物质损失

第二节 附带民事诉讼的提起

1. 王某被姜某打伤致残，在开庭审判前向法院提起附带民事诉讼，并提出财产保全的申请。法院对于该申请的处理，下列哪一选项是正确的？（ ）（2013—2—32，单选）
   A. 不予受理
   B. 可以采取查封、扣押或者冻结被告人财产的措施
   C. 只有在王某提供担保后，法院才予以财产保全
   D. 移送财产所在地的法院采取保全措施
2. 关于附带民事诉讼案件诉讼程序中的保全措施，下列哪一说法是正确的？（ ）（2012—2—30，单选）
   A. 法院应当采取保全措施
   B. 附带民事诉讼原告人和检察院都可以申请法院采取保全措施
   C. 采取保全措施，不受《民事诉讼法》规定的限制
   D. 财产保全的范围不限于犯罪嫌疑人、被告人的财产或与本案有关的财产
3. 在罗某放火案中，钱某、孙某和吴某3家房屋均被烧毁。一审时，钱某和孙某提起要求罗某赔偿损失的附带民事诉讼，吴某未主张。一审判决宣告后，吴某欲让罗某赔偿财产损失。下列哪一说法是正确的？（ ）（2011—2—28，单选）
   A. 吴某可另行提起附带民事诉讼
   B. 吴某不得再提起附带民事诉讼，可在刑事判决生效后另行提起民事诉讼

C. 吴某可提出上诉，请求法院在二审程序中判令罗某予以赔偿

D. 吴某既可另行提起附带民事诉讼，也可单独提起民事诉讼

4. 某县检察院以涉嫌故意伤害罪对十六岁的马某提起公诉，被害人刘某提起附带民事诉讼。对此，下列哪些选项是正确的？（　　）（模拟题）

A. 在审理该案时，法院只能适用《刑法》《刑事诉讼法》等有关的刑事法律

B. 在审查起诉阶段，马某、刘某已就赔偿达成协议且马某按照协议给付了刘某五万元，法院仍可以受理刘某提起的附带民事诉讼

C. 法院受理附带民事诉讼后，应当将附带民事起诉状副本送达马某，或者将口头起诉的内容通知马某

D. 法院可以决定查封或者扣押被告人马某的财产

第三节　附带民事诉讼的审判

1. 韩某和苏某共同殴打他人，致被害人李某死亡、吴某轻伤，韩某还抢走吴某的手机。后韩某被抓获，苏某在逃。关于本案的附带民事诉讼，下列哪一选项是正确的？（　　）（2014－2－32，单选）

A. 李某的父母和祖父母都有权提起附带民事诉讼

B. 韩某和苏某应一并列为附带民事诉讼的被告人

C. 吴某可通过附带民事诉讼要求韩某赔偿手机

D. 吴某在侦查阶段与韩某就民事赔偿达成调解协议并全部履行后又提起附带民事诉讼，法院不予受理

2. 张一、李二、王三因口角与赵四发生斗殴，赵四因伤势过重死亡。其中张一系未成年人，王三情节轻微未被起诉，李二在一审开庭前意外死亡。（2013－2－95～96，不定项）

（1）本案依法负有民事赔偿责任的人是（　　）。

A. 张一、李二　　　　B. 张一父母、李二父母

C. 张一父母、王三　　D. 张一父母、李二父母、王三

（2）在一审过程中，如果发生附带民事诉讼原、被告当事人不到庭情形，法院的下列做法正确的是（　　）。

A. 赵四父母经传唤，无正当理由不到庭，法庭应当择期审理

B. 赵四父母到庭后未经法庭许可中途退庭，法庭应当按撤诉处理

C. 王三经传唤，无正当理由不到庭，法庭应当采取强制手段强制其到庭

D. 李二父母未经法庭许可中途退庭，就附带民事诉讼部分，法庭应当缺席判决

参考答案及解析

第一节　附带民事诉讼概述

1. **【答案】**C

【解析】按照《高法解释》第140条规定："国家机关工作人员在行使职权时，侵犯他人人身、财产权利构成犯罪，被害人或者其法定代理人、近亲属提起附带民事诉讼的，人

民法院不予受理，但应当告知其可以依法申请国家赔偿。”由此可见，C正确，A、B错误。按照《刑事诉讼法》第288条规定：“下列公诉案件，犯罪嫌疑人、被告人真诚悔罪，通过向被害人赔偿损失、赔礼道歉等方式获得被害人谅解，被害人自愿和解的，双方当事人可以和解：（一）因民间纠纷引起，涉嫌刑法分则第四章、第五章规定的犯罪案件，可能判处三年有期徒刑以下刑罚的；（二）除渎职犯罪以外的可能判处七年有期徒刑以下刑罚的过失犯罪案件。犯罪嫌疑人、被告人在五年以内曾经故意犯罪的，不适用本章规定的程序。”由此可见，D错误。本题答案是C。

2. **【答案】**B

【解析】按照《高法解释》第138条第1款规定：“被害人因人身权利受到犯罪侵犯或者财物被犯罪分子毁坏而遭受物质损失的，有权在刑事诉讼过程中提起附带民事诉讼。”第139条规定：“被告人非法占有、处置被害人财产的，应当依法予以追缴或者责令退赔。被害人提起附带民事诉讼的，人民法院不予受理。”本题中被夺走并变卖的手机属于“被告人非法占有、处置”的财产，不属于附带民事诉讼受理范围，A错误。被告人寻衅滋事所造成的物质损失属于由于被告人的犯罪行为而遭受的物质损失，属于附带民事诉讼受案范围，B正确。按照《高法解释》第140条规定：“国家机关工作人员在行使职权时，侵犯他人人身、财产权利构成犯罪，被害人或者其法定代理人、近亲属提起附带民事诉讼的，人民法院不予受理，但应当告知其可以依法申请国家赔偿。”C和D属于职务犯罪，不得提起附带民事诉讼，C、D均错误。本题答案是B。

第二节　附带民事诉讼的提起

1. **【答案】**B

【解析】按照《高法解释》第152条规定：“人民法院对可能因被告人的行为或者其他原因，使附带民事判决难以执行的案件，根据附带民事诉讼原告人的申请，可以裁定采取保全措施，查封、扣押或者冻结被告人的财产。”可见，法院可以受理诉前财产保全，由此可见，A错误，B正确。“附带民事诉讼原告人未提出申请的，必要时，人民法院也可以采取保全措施。”可见，C错误。“有权提起附带民事诉讼的人因情况紧急，不立即申请保全将会使其合法权益受到难以弥补的损害的，可以在提起附带民事诉讼前，向被保全财产所在地、被申请人居住地或者对案件有管辖权的人民法院申请采取保全措施。”D表述绝对化了，错误。本题答案是B。

2. **【答案】**B

【解析】按照《刑事诉讼法》第102条规定：“人民法院在必要的时候，可以采取保全措施，查封、扣押或者冻结被告人的财产。附带民事诉讼原告人或者人民检察院可以申请人民法院采取保全措施。人民法院采取保全措施，适用民事诉讼法的有关规定。”由此可见，B正确，A、C、D错误。本题答案是B。

3. **【答案】**B

【解析】按照《高法解释》第147条第1款规定：“附带民事诉讼应当在刑事案件立案后及时提起。”《高法解释》第161条规定：“第一审期间未提起附带民事诉讼，在第二审期间提起的，第二审人民法院可以依法进行调解；调解不成的，告知当事人可以在刑事判决、裁定生效后另行提起民事诉讼。”由此可见，B正确，A、D均错误。第二审程序中才提起附带民事诉讼的，二审法院可以进行调解，但不得判决，即“判令”的表述是错误的，C错误。本题答案是B。

4. 【答案】D

【解析】按照《高法解释》第163条规定：“人民法院审理附带民事诉讼案件，除刑法、刑事诉讼法以及刑事司法解释已有规定的以外，适用民事法律的有关规定。”由此可见，A错误。按照《高法解释》第148条规定：“侦查、审查起诉期间，有权提起附带民事诉讼的人提出赔偿要求，经公安机关、人民检察院调解，当事人双方已经达成协议并全部履行，被人或者其法定代理人、近亲属又提起附带民事诉讼的，人民法院不予受理，但有证据证明调解违反自愿、合法原则的除外。”可见，B错误。根据《高法解释》第150条的规定：“人民法院受理附带民事诉讼后，应当在五日内将附带民事起诉状副本送达附带民事诉讼被告人及其法定代理人，或者将口头起诉的内容及时通知附带民事诉讼被告人及其法定代理人，并制作笔录。”由于马某是未成年人，应当将附带民事起诉状副本送达其法定代理人，或者将口头起诉的内容通知其法定代理人，C错误。根据《刑事诉讼法》第102条规定：“人民法院在必要的时候，可以采取保全措施，查封、扣押或者冻结被告人的财产。”D表述正确。本题答案是D。

第三节　附带民事诉讼的审判

1. 【答案】D

【解析】根据《刑事诉讼法》第108条规定，近亲属的范围包括夫、妻、父、母、子、女、同胞兄弟姐妹。祖父母不属于近亲属，A错误。按照《高法解释》第146条规定：“共同犯罪案件，同案犯在逃的，不应列为附带民事诉讼被告人。”由此可见，B错误。《高法解释》第138条规定：“被害人因人身权利受到犯罪侵犯或者财物被犯罪分子毁坏而遭受物质损失的，有权在刑事诉讼过程中提起附带民事诉讼。”《高法解释》第139条规定：“被告人非法占有、处置被害人财产的，应当依法予以追缴或者责令退赔。被害人提起附带民事诉讼的，人民法院不予受理。”因抢劫、盗窃等犯罪行为造成财产损失的，不得提起附带民事诉讼，C错误。《高法解释》第148条定：“侦查、审查起诉期间，有权提起附带民事诉讼的人提出赔偿要求，经公安机关、人民检察院调解，当事人双方已经达成协议并全部履行，被害人或者其法定代理人、近亲属又提起附带民事诉讼的，人民法院不予受理，但有证据证明调解违反自愿、合法原则的除外。”由此可见，D正确。本题答案是D。

2. (1)【答案】D

【解析】按照《高法解释》第143条：“附带民事诉讼中依法负有赔偿责任的人包括：（一）刑事被告人以及未被追究刑事责任的其他共同侵害人；（二）刑事被告人的监护人；（三）死刑罪犯的遗产继承人；（四）共同犯罪案件中，案件审结前死亡的被告人的遗产继承人；（五）对被害人的物质损失依法应当承担赔偿责任的其他单位和个人。附带民事诉讼被告人的亲友自愿代为赔偿的，应当准许。”在本案中，张一是未成年人，其父母负有赔偿义务。李二在开庭前死亡，其没有赔偿义务，但是其遗产继承人父母有赔偿义务。

王三属于未被追究刑事责任的其他共同侵害人，有赔偿义务，可见，A、B、C表述错误，D表述正确。本题答案是D。

(2) **【答案】** B

【解析】 按照《高法解释》第158条规定："附带民事诉讼原告人经传唤，无正当理由拒不到庭，或者未经法庭许可中途退庭的，应当按撤诉处理。刑事被告人以外的附带民事诉讼被告人经传唤，无正当理由拒不到庭，或者未经法庭许可中途退庭的，附带民事部分可以缺席判决。"本案中赵四父母是原告，其"经传唤，无正当理由拒不到庭，或者未经法庭许可中途退庭"，应当按照撤诉处理，A错误，B正确。王三属于"刑事被告人以外的附带民事诉讼被告人"，其经传唤，无正当理由拒不到庭，附带民事部分可以缺席判决，C错误。李二的父母不到庭，法庭不是应当，而是"可以"缺席判决，D不正确。本题答案是B。

第十章 期间与送达

第一节 期间

1. 卢某妨害公务案于2016年9月21日一审宣判，并当庭送达判决书。卢某于9月30日将上诉书交给看守所监管人员黄某，但黄某因忙于个人事务直至10月8日上班时才寄出，上诉书于10月10日寄到法院。关于一审判决生效，下列哪一选项是正确的？（　　）（2017—2—29，单选）

A. 一审判决9月30日生效

B. 因黄某耽误上诉期间，卢某将上诉书交予黄某时，上诉期间中止

C. 因黄某过失耽误上诉期间，卢某可申请期间恢复

D. 上诉书寄到法院时一审判决尚未生效

2. 关于办案期限重新计算的说法，下列哪一选项是正确的？（　　）（2015—2—31，单选）

A. 甲盗窃汽车案，在侦查过程中发现其还涉嫌盗窃1辆普通自行车，重新计算侦查羁押期限

B. 乙受贿案，检察院审查起诉时发现一笔受贿款项证据不足，退回补充侦查后再次移送审查起诉时，重新计算审查起诉期限

C. 丙聚众斗殴案，在处理完丙提出的有关检察院书记员应当回避的申请后，重新计算一审审理期限

D. 丁贩卖毒品案，二审法院决定开庭审理并通知同级检察院阅卷，检察院阅卷结束后，重新计算二审审理期限

3. 关于期间的计算，下列哪一选项是正确的？（　　）（2014—2—33，单选）

A. 重新计算期限包括公检法的办案期限和当事人行使诉讼权利的期限两种情况

B. 上诉状或其他法律文书在期满前已交邮的不算过期，已交邮是指在期间届满前将上诉状或其他法律文书递交邮局或投入邮筒内

C. 法定期间不包括路途上的时间，比如有关诉讼文书材料在公检法之间传递的时间应当从法定期间内扣除

D. 犯罪嫌疑人、被告人在押的案件，在羁押场所以外对患有严重疾病的犯罪嫌疑人、被告人进行医治的时间，应当从法定羁押期间内扣除

4. 关于刑期计算，下列哪一说法是不正确的？（　　）（2013—2—33，单选）

A. 甲被判处拘役六个月，其被指定居所监视居住154天的期间折抵刑期154天

B. 乙通过贿赂手段被暂予监外执行，其在监外执行的267天不计入执行刑期

C. 丙在暂予监外执行期间脱逃，脱逃的78天不计入执行刑期

D. 丁被判处管制，其判决生效前被逮捕羁押208天的期间折抵刑期416天

第二节　送达

被告人徐某为未成年人，法院书记员到其住处送达起诉书副本，徐某及其父母拒绝签收。关于该书记员处理这一问题的做法，下列哪些选项是正确的？（　　）（2013－2－70，多选）

A. 邀请见证人到场

B. 在起诉书副本上注明拒收的事由和日期，该书记员和见证人签名或盖章

C. 采取拍照、录像等方式记录送达过程

D. 将起诉书副本留在徐某住处

参考答案及解析

第一节　期间

1. 【答案】D

【解析】按照《刑事诉讼法》第230条规定："不服判决的上诉和抗诉的期限为十日，不服裁定的上诉和抗诉的期限为五日，从接到判决书、裁定书的第二日起算。"《刑事诉讼法》第105条规定："期间以时、日、月计算。期间开始的时和日不算在期间以内。期间的最后一日为节假日的，以节假日后的第一日为期满日期，但犯罪嫌疑人、被告人或者罪犯在押期间，应当至期满之日为止，不得因节假日而延长。"本题中上诉期间从21日的次日即22日开始计算，期间的最后一日恰逢国庆假期，因此，上诉期应以节假日后的第一日为期满日期，所以，8日并没有耽误上诉期间，B、C均错误。判断上诉期应以邮戳日期为准，D正确。本题答案是D。

2. 【答案】B

【解析】按照《刑事诉讼法》第160条规定："在侦查期间，发现犯罪嫌疑人另有重要罪行的，自发现之日起依照本法第一百五十六的规定重新计算侦查羁押期限。"甲还涉嫌盗窃1辆"普通"自行车不属于"重要罪行"，不应重新计算侦查羁押期限，A错误。根据《刑事诉讼法》第170条的规定，应当退回监察机关补充调查，而非补充侦查，B正确。申请回避和处理回避申请并无应当重新计算审理期限的规定，C错误。二审程序中检察院阅读卷宗材料的时间不计入审限，D错误。本题答案是B。

3. 【答案】C

【解析】重新计算期限仅仅适用于公安司法机关的办案期限，A错误。按照《刑事诉讼法》第105条第3款规定："法定期间不包括路途上的时间。上诉状或者其他文件在期满前已经交邮的，不算过期。"递交邮件的时间以当地的邮局加盖的印戳为准，B错误，C正确。按照《高法解释》第174条的规定，"审判期间，对被告人作精神病鉴定的时间不计入审理期限。"其他鉴定均应计入期限，D错误。本题答案是C。

4. 【答案】A

【解析】按照《刑事诉讼法》第76条规定："指定居所监视居住的期限应当折抵刑期。被判处管制的，监视居住一日折抵刑期一日；被判处拘役、有期徒刑的，监视居住二日折

抵刑期一日。”A错误。按照《刑事诉讼法》第268条第3款规定：“不符合暂予监外执行条件的罪犯通过贿赂等非法手段被暂予监外执行的，在监外执行的期间不计入执行刑期。罪犯在暂予监外执行期间脱逃的，脱逃的期间不计入执行刑期。”由此可见，B、C表述正确。根据《刑法》第41条规定：“对于管制，判决执行以前先行羁押的，羁押1日折抵管制2日。”D表述正确。本题答案是A。

第二节　送达

【答案】ACD

【解析】按照《最高法解释》第167条第3款规定：“收件人或者代收人拒绝签收的，送达人可以邀请见证人到场，说明情况，在送达回证上注明拒收的事由和日期，由送达人、见证人签名或者盖章，将诉讼文书留在收件人、代收人的住处或者单位；也可以把诉讼文书留在受送达人的住处，并采用拍照、录像等方式记录送达过程，即视为送达。”由此可见，A、C、D均正确；拒绝签收的，应当是在“送达回证”上注明，B错误。本题答案是A、C、D。

第十一章　立案程序

第一节　立案的概念、材料来源和条件

1. 环卫工人马某在垃圾桶内发现一名刚出生的婴儿后向公安机关报案，公安机关紧急将婴儿送医院成功抢救后未予立案。关于本案的立案程序，下列哪一选项是正确的？（　　）（2017－2－30，单选）

A. 确定遗弃婴儿的原因后才能立案

B. 马某对公安机关不予立案的决定可申请复议

C. 了解婴儿被谁遗弃的知情人可向检察院控告

D. 检察院可向公安机关发出要求说明不立案理由通知书

2. 公安机关获知有多年吸毒史的王某近期可能从事毒品制售活动，遂对其展开初步调查工作。关于这一阶段公安机关可以采取的措施，下列哪些选项是正确的？（　　）（2016－2－72，多选）

A. 监听　　B. 查询王某的银行存款

C. 询问王某　　D. 通缉

第二节　立案程序与立案监督

1. 李某认为一个企业生产不符合安全标准食品，遂将该企业告到了市场监督管理局，监管局审查后认为可能涉及犯罪，就移送给了公安局，公安局审查后决定不立案，下列说法正确的是：（模拟题）

A. 李某找作出不立案决定的公安机关复议

B. 李某对复议不服找上级公安机关复核

C. 监管局找不立案的公安机关复议

D. 监管局对不立案不服，找上级公安机关复核

2. 甲乙二人在餐厅吃饭时言语不合进而互相推搡，乙突然倒地死亡，县公安局以甲涉嫌过失致人死亡立案侦查。经鉴定乙系特殊体质，其死亡属意外事件，县公安局随即撤销案件。关于乙的近亲属的诉讼权利，下列哪一选项是正确的？（　　）（2016－2－33，单选）

A. 就撤销案件向县公安局申请复议

B. 就撤销案件向县公安局的上一级公安局申请复核

C. 向检察院侦查监督部门申请立案监督

D. 直接向法院对甲提起刑事附带民事诉讼

3. 甲公司以虚构工程及伪造文件的方式，骗取乙工程保证金 400 余万元。公安机关接到乙控告后，以尚无明确证据证明甲涉嫌犯罪为由不予立案。关于本案，下列哪一选项是正

确的？（　　）（2015－2－32，单选）

A. 乙应先申请公安机关复议，只有不服复议决定的才能请求检察院立案监督

B. 乙请求立案监督，检察院审查后认为公安机关应立案的，可通知公安机关立案

C. 公安机关接到检察院立案通知后仍不立案的，经省级检察院决定，检察院可自行立案侦查

D. 乙可直接向法院提起自诉

4. 卢某坠楼身亡，公安机关排除他杀，不予立案。但卢某的父母坚称他杀可能性大，应当立案，请求检察院监督。检察院的下列哪一做法是正确的？（　　）（2013－2－34，单选）

A. 要求公安机关说明不立案理由

B. 拒绝受理并向卢某的父母解释不立案原因

C. 认为符合立案条件的，可以立案并交由公安机关侦查

D. 认为公安机关不立案理由不能成立的，应当建议公安机关立案

参考答案及解析

第一节　立案的概念、材料来源和条件

1. 【答案】D

【解析】按照《刑事诉讼法》第112条规定："人民法院、人民检察院或者公安机关对于报案、控告、举报和自首的材料，应当按照管辖范围，迅速进行审查，认为有犯罪事实需要追究刑事责任的时候，应当立案；认为没有犯罪事实，或者犯罪事实显著轻微，不需要追究刑事责任的时候，不予立案，并且将不立案的原因通知控告人。控告人如果不服，可以申请复议。"立案仅要求达到"有犯罪事实""需要追究刑事责任"。A错误。环卫工人马某为报案人，根据法律规定，只有控告人才能申请复议，B错误。控告主体只能是被害人，C错误。按照《刑事诉讼法》第113条规定："人民检察院认为公安机关对应当立案侦查的案件而不立案侦查的，或者被害人认为公安机关对应当立案侦查的案件而不立案侦查，向人民检察院提出的，人民检察院应当要求公安机关说明不立案的理由。人民检察院认为公安机关不立案理由不能成立的，应当通知公安机关立案，公安机关接到通知后应当立案。"D正确。本题答案是D。

2. 【答案】BC

【解析】根据《公安部规定》第171条第3款的规定："初查过程中，公安机关可以依照有关法律和规定采取询问、查询、勘验、鉴定和调取证据材料等不限制被调查对象人身、财产权利的措施。"由此可见，A、D错误，因为A、D属于侦查措施，只能在立案后依法进行，B、C正确。本题答案是B、C。

第二节　立案程序与立案监督

1. 【答案】C

【解析】按照《公安部规定》第176条规定："控告人对不予立案决定不服的，可以在收

到不予立案通知书后七日以内向作出决定的公安机关申请复议；控告人对不予立案的复议决定不服的，可以在收到复议决定书后七日以内向上一级公安机关申请复核。”本题并未明确李某是控告人（即被害人），A、B均错误。按照《公安部规定》第178条规定：“移送案件的行政执法机关对不予立案决定不服的，可以在收到不予立案通知书后三日以内向作出决定的公安机关申请复议；公安机关应当在收到行政执法机关的复议申请后三日以内作出决定，并书面通知移送案件的行政执法机关。”可见，市场监管局依法只能向不予立案的公安局申请复议，法律上并未规定行政机关可以向上级公安机关申请复核，C表述正确，D表述错误。本题答案是C。

2. 【答案】D

【解析】对于公安机关作出撤销案件的决定，法律既没有规定应当通知被害人及其近亲属，也未规定其可以申请复议、申请复核。因此，A、B错误。C选项，本题中侦查机关已经立案，撤销案件不适用立案监督的规定，C错误。根据《刑事诉讼法》第210条规定：“自诉案件包括下列案件：（一）告诉才处理的案件；（二）被害人有证据证明的轻微刑事案件；（三）被害人有证据证明对被告人侵犯自己人身、财产权利的行为应当依法追究刑事责任，而公安机关或者人民检察院不予追究被告人刑事责任的案件。”另外，《高法解释》第260条第1款规定：“本解释第一条规定的案件，如果被害人死亡、丧失行为能力或者因受强制、威吓等无法告诉，或者是限制行为能力人以及因年老、患病、盲、聋、哑等不能亲自告诉，其法定代理人、近亲属告诉或者代为告诉的，人民法院应当依法受理。”《刑事诉讼法》第101条第1款规定：“被害人由于被告人的犯罪行为而遭受物质损失的，在刑事诉讼过程中，有权提起附带民事诉讼。被害人死亡或者丧失行为能力的，被害人的法定代理人、近亲属有权提起附带民事诉讼。”因此，乙的近亲属如果提起了自诉案件，可以提起附带民事诉讼，D表述正确。本题答案是D。

3. 【答案】D

【解析】按照《刑事诉讼法》第112条规定：“人民法院、人民检察院或者公安机关对于报案、控告、举报和自首的材料，应当按照管辖范围，迅速进行审查，认为有犯罪事实需要追究刑事责任的时候，应当立案；认为没有犯罪事实，或者犯罪事实显著轻微，不需要追究刑事责任的时候，不予立案，并且将不立案的原因通知控告人。控告人如果不服，可以申请复议。”申请复议和申请检察院立案监督并无先后顺序之分，A错误。按照《刑事诉讼法》第113条规定：“人民检察院认为公安机关对应当立案侦查的案件而不立案侦查的，或者被害人认为公安机关对应当立案侦查的案件而不立案侦查，向人民检察院提出的，人民检察院应当要求公安机关说明不立案的理由。人民检察院认为公安机关不立案理由不能成立的，应当通知公安机关立案，公安机关接到通知后应当立案。”B错在“可通知”，而是“应当要求”，公安机关不立案的，检察院无权进行立案，C错误。按照《刑事诉讼法》第210条规定：“自诉案件包括下列案件：被害人有证据证明对被告人侵犯自己人身、财产权利的行为应当依法追究刑事责任，而公安机关或者人民检察院不予追究被告人刑事责任的案件。”因此，D正确。本题答案是D。

4. 【答案】A

【解析】按照《刑事诉讼法》第113条规定：“人民检察院认为公安机关对应当立案侦查

的案件而不立案侦查的，或者被害人认为公安机关对应当立案侦查的案件而不立案侦查，向人民检察院提出的，人民检察院应当要求公安机关说明不立案的理由。人民检察院认为公安机关不立案理由不能成立的，应当通知公安机关立案，公安机关接到通知后应当立案。”由此可见，A正确；B、C、D均错误。本题答案是A。

第十二章　侦查程序

1. 某小学发生一起猥亵儿童案件，三年级女生甲向校长许某报称被老师杨某猥亵。许某报案后，侦查人员通过询问许某了解了甲向其陈述的被杨某猥亵的经过。侦查人员还通过询问甲了解到，另外两名女生乙和丙也可能被杨某猥亵，乙曾和甲谈到被杨某猥亵的经过，甲曾目睹杨某在课间猥亵丙。讯问杨某时，杨某否认实施猥亵行为，并表示他曾举报许某贪污，许某报案是对他的打击报复。关于本案侦查措施，下列选项正确的是（　　）（2017—2—95，不定项）

   A. 经出示工作证件，侦查人员可在学校询问甲

   B. 询问乙时，可由学校的其他老师在场并代行乙的诉讼权利

   C. 可通过侦查实验确定甲能否在其所描述的时间、地点看到杨某猥亵丙

   D. 搜查杨某在学校内的宿舍时，可由许某在场担任见证人

2. 关于讯问犯罪嫌疑人，下列哪些选项是正确的？（　　）（2014—2—70，多选）

   A. 在拘留犯罪嫌疑人之前，一律不得对其进行讯问

   B. 在拘留犯罪嫌疑人之后，可在送看守所羁押前进行讯问

   C. 犯罪嫌疑人被拘留送看守所之后，讯问应当在看守所内进行

   D. 对于被指定居所监视居住的犯罪嫌疑人，应当在指定的居所进行讯问

3. 侦查措施是查明案件事实的手段，与公民的权利保障密切相关。请回答第（1）～（2）题。（2012—2—92～93，不定项）

   （1）关于讯问犯罪嫌疑人的地点，下列选项正确的是（　　）

   A. 对不需要逮捕、拘留的犯罪嫌疑人，可以传唤到犯罪嫌疑人所在市、县的公安局进行讯问

   B. 对不需要逮捕、拘留的犯罪嫌疑人，可以传唤到犯罪嫌疑人所在市、县的公司内进行讯问

   C. 对于已经被逮捕羁押的犯罪嫌疑人，应当在看守所内进行讯问

   D. 犯罪现场发现的犯罪嫌疑人，可以当场口头传唤，但须出示工作证并在讯问笔录中注明

   （2）关于询问被害人，下列选项正确的是（　　）

   A. 侦查人员可以在现场进行询问

   B. 侦查人员可以在指定的地点进行询问

   C. 侦查人员可以通知被害人到侦查机关接受询问

   D. 询问笔录应当交被害人核对，如记载有遗漏或者差错，被害人可以提出补充或者改正

4. 某地发生一起以爆炸手段故意杀人致多人伤亡的案件。公安机关立案侦查后，王某被确定为犯罪嫌疑人。关于本案辨认，下列哪一选项是正确的？（　　）（2016—2—34，单选）

   A. 证人甲辨认制造爆炸物的工具时，混杂了另外4套同类工具

B. 证人乙辨认犯罪嫌疑人时未同步录音或录像，辨认笔录不得作为定案的依据

C. 证人丙辨认犯罪现场时没有见证人在场，辨认笔录不得作为定案的依据

D. 王某作为辨认人时，陪衬物不受数量的限制

5. 赵某、石某抢劫杀害李某，被路过的王某、张某看见并报案。赵某、石某被抓获后，2名侦查人员负责组织辨认。关于辨认的程序，下列选项正确的是（　　）（2014—2—92，不定项）

A. 在辨认尸体时，只将李某尸体与另一尸体作为辨认对象

B. 在2名侦查人员的主持下，将赵某混杂在9名具有类似特征的人员中，由王某、张某个别进行辨认

C. 在对石某进行辨认时，9名被辨认人员中的4名民警因紧急任务离开，在2名侦查人员的主持下，将石某混杂在5名人员中，由王某、张某个别进行辨认

D. 根据王某、张某的要求，辨认在不暴露他们身份的情况下进行

6. 关于辨认程序不符合有关规定，经补正或者作出合理解释后，辨认笔录可以作为证据使用的情形，下列哪一选项是正确的？（　　）（2012—2—27，单选）

A. 辨认前使辨认人见到辨认对象的

B. 供辨认的对象数量不符合规定的

C. 案卷中只有辨认笔录，没有被辨认对象的照片、录像等资料，无法获悉辨认的真实情况的

D. 辨认活动没有个别进行的

7. 甲、乙（户籍地均为M省A市）共同运营一条登记注册于A市的远洋渔船。某次在公海捕鱼时，甲乙二人共谋杀害了与他们素有嫌隙的水手丙。该船回国后首泊于M省B市港口以作休整，然后再航行至A市。从B市起航后，在途经M省C市航行至A市过程中，甲因害怕乙投案自首一直将乙捆绑拘禁于船舱。该船于A市靠岸后案发。本案公安机关开展侦查。关于侦查措施，下列选项正确的是（　　）（2016—2—94，不定项）

A. 讯问甲的过程应当同步录音或录像

B. 可在讯问乙的过程中一并收集乙作为非法拘禁案的被害人的陈述

C. 在该船只上进行犯罪现场勘查时，应邀请见证人在场

D. 可查封该船只进一步收集证据

8. 鲁某与关某涉嫌贩卖冰毒500余克，B省A市中级法院开庭审理后，以鲁某犯贩卖毒品罪，判处死刑立即执行，关某犯贩卖毒品罪，判处死刑缓期二年执行。一审宣判后，关某以量刑过重为由向B省高级法院提起上诉，鲁某未上诉，检察院也未提起抗诉。关于本案侦查，下列选项正确的是？（　　）（2015—2—94，不定项）

A. 本案经批准可采用控制下交付的侦查措施

B. 对鲁某采取技术侦查的期限不得超过9个月

C. 侦查机关只有在对鲁某与关某立案后，才能派遣侦查人员隐匿身份实施侦查

D. 通过技术侦查措施收集到的证据材料可作为定案的依据，但须经法庭调查程序查证属实或由审判人员在庭外予以核实

9. 侦查措施是查明案件事实的手段，与公民的权利保障密切相关。关于查封、扣押措施，

下列选项正确的是（　　）（2012－2－94，不定项）

A. 查封、扣押犯罪嫌疑人与案件有关的各种财物、文件只能在勘验、搜查中实施

B. 根据侦查犯罪的需要，可以依照规定扣押犯罪嫌疑人的存款、汇款、债券、股票、基金份额等财产

C. 侦查人员认为需要扣押犯罪嫌疑人的邮件、电报的时候，可通知邮电机关将有关的邮件、电报检交扣押

D. 对于查封、扣押的财物、文件、邮件、电报，经查明确实与案件无关的，应当在3日以内解除查封、扣押，予以退还

10. 甲、乙共同实施抢劫，该案经两次退回补充侦查后，检察院发现甲在两年前曾实施诈骗犯罪。关于本案，下列哪一选项是正确的？（　　）（2016－2－35，单选）

A. 应将全案退回公安机关依法处理

B. 对新发现的犯罪自行侦查，查清犯罪事实后一并提起公诉

C. 将新发现的犯罪移送公安机关侦查，待公安机关查明事实移送审查起诉后一并提起公诉

D. 将新发现的犯罪移送公安机关立案侦查，对已查清的犯罪事实提起公诉

11. 关于补充侦查，下列哪些选项是正确的？（　　）（2015－2－70，多选）

A. 审查批捕阶段，只有不批准逮捕的，才能通知公安机关补充侦查

B. 审查起诉阶段的补充侦查以两次为限

C. 审判阶段检察院应自行侦查，不得退回公安机关补充侦查

D. 审判阶段法院不得建议检察院补充侦查

参考答案及解析

1. 【答案】AC

【解析】根据《刑事诉讼法》第124条第1款规定：“侦查人员询问证人，可以在现场进行，也可以到证人所在单位、住处或者证人提出的地点进行，在必要的时候，可以通知证人到人民检察院或者公安机关提供证言。在现场询问证人，应当出示工作证件，到证人所在单位、住处或者证人提出的地点询问证人，应当出示人民检察院或者公安机关的证明文件。”由此可见，A正确。按照《刑事诉讼法》第281条第1款规定：“对于未成年人刑事案件，在讯问和审判的时候，应当通知未成年犯罪嫌疑人、被告人的法定代理人到场。无法通知、法定代理人不能到场或者法定代理人是共犯的，也可以通知未成年犯罪嫌疑人、被告人的其他成年亲属，所在学校、单位、居住地基层组织或者未成年人保护组织的代表到场，并将有关情况记录在案。到场的法定代理人可以代为行使未成年犯罪嫌疑人、被告人的诉讼权利。”《刑事诉讼法》第281条第5款规定：“询问未成年被害人、证人，适用第一款、第二款、第三款的规定。”没有通知法定代理人到场，B错误。按照《刑事诉讼法》第135条规定：“为了查明案情，在必要的时候，经公安机关负责人批准，可以进行侦查实验。侦查实验的情况应当写成笔录，由参加实验的人签名或者盖章。侦查实验，禁止一切足以造成危险、侮辱人格或者有伤风化的行为。”由于本案侦查实验的内容并未涉及猥亵行为本身，C正确。《高法解释》第67条第1款规定：“下

列人员不得担任刑事诉讼活动的见证人：（一）生理上、精神上有缺陷或者年幼，不具有相应辨别能力或者不能正确表达的人；（二）与案件有利害关系，可能影响案件公正处理的人；（三）行使勘验、检查、搜查、扣押等刑事诉讼职权的公安、司法机关的工作人员或者其聘用的人员。”由于杨某举报许某贪污，许某可能报复，属于有利害关系的人，D错误。本题答案是A、C。

2. 【答案】BC

【解析】拘留不是讯问的前提条件，只要刑事立案后，即便没有拘留或者逮捕，同样可以讯问犯罪嫌疑人，A错误。拘留后如果送看守所羁押了，只能在看守所讯问犯罪嫌疑人，如果没有送押，同样可以讯问，因为法律规定在执行拘留后24小时应当讯问犯罪嫌疑人，B、C正确。按照《公安部规定》第193条规定：“公安机关对于不需要拘留、逮捕的犯罪嫌疑人，经办案部门负责人批准，可以传唤到犯罪嫌疑人所在市、县内的指定地点或者到他的住处进行讯问。”监视居住属于未被羁押的情形，可以在所在市县内的指定地点或其住处讯问，并不限于指定居所，D错误。本题答案是B、C。

3. （1）【答案】ABCD

【解析】按照《刑事诉讼法》第119条第1款规定：“对不需要逮捕、拘留的犯罪嫌疑人，可以传唤到犯罪嫌疑人所在市、县内的指定地点或者到他的住处进行讯问，但是应当出示人民检察院或者公安机关的证明文件。”AB正确。《刑事诉讼法》第118条第2款规定：“犯罪嫌疑人被送交看守所羁押以后，侦查人员对其进行讯问，应当在看守所内进行。”C正确。《刑事诉讼法》第119条第1款还规定：“对在现场发现的犯罪嫌疑人，经出示工作证件，可以口头传唤，但应当在讯问笔录中注明。”D正确。本题答案是ABCD。

（2）【答案】ACD

【解析】按照《刑事诉讼法》第124条规定：“侦查人员询问证人，可以在现场进行，也可以到证人所在单位、住处或者证人提出的地点进行，在必要的时候，可以通知证人到人民检察院或者公安机关提供证言。”可见，AC正确，B错误。按照《刑事诉讼法》第122条规定：“讯问笔录应当交犯罪嫌疑人核对，对于没有阅读能力的，应当向他宣读。如果记载有遗漏或者差错，犯罪嫌疑人可以提出补充或者改正。”《刑事诉讼法》第126条的规定：“本法第122的规定，也适用于询问证人。”《刑事诉讼法》第127条规定：“询问被害人，适用本节各条规定。”由此可见，在笔录问题上，询问、讯问均一样，D正确。本题答案是ACD。

4. 【答案】A

【解析】根据《公安部规定》第251条第1款规定：“辨认时，应当将辨认对象混杂在特征相类似的其他对象中，不得给辨认人任何暗示。辨认犯罪嫌疑人时，被辨认的人数不得少于七人；对犯罪嫌疑人照片进行辨认的，不得少于十人的照片；辨认物品时，混杂的同类物品不得少于五件。对场所、尸体等特定辨认对象进行辨认，或者辨认人能够准确描述物品独有特征的，陪衬物不受数量的限制。”由此可见，A正确，D错误。根据《高检规则》第261条规定：“辨认的情况，应当制作笔录，由检察人员、辨认人、见证人签字。对辨认对象应当拍照，必要时可以对辨认过程进行录音、录像。”根据《关于办理死刑案件审查判断证据若干问题的规定》第 30 条规定："侦查机关组织的辨认，存在下列情形之一的，应当严格审查，不能确定其真实性的，辨认结果不能作为定案的根据：（一）辨认不是在侦查人员主持下进行的；（二）辨认前使辨认人见到辨认对象的；（三）辨认人的辨认活动没有个别进行的；（四）辨认对象没有混杂在具有类似特征的其他对象中，或者供辨认的对象数量不符合规定的；尸体、场所等特定辨认对象除外。（五）辨认中给辨认人明显暗示或者明显有指认嫌疑的。有下列情形之一的，通过有关办案人员的补正或者作出合理解释的，辨认结果可以作为证据使用：（一）主持辨认的侦查人员少于二人的；（二）没有向辨认人详细询问辨认对象的具体特征的；（三）对辨认经过和结果没有制作专门的规范的辨认笔录，或者辨认笔录没有侦查人员、辨认人、见证人的签名或者盖章的；（四）辨认记录过于简单，只有结果没有过程的；（五）案卷中只有辨认笔录，没有被辨认对象的照片、录像等资料，无法获悉辨认的真实情况的。"辨认并非要求"应当"录音录像以及见证人在场，B、C 错误。本题答案是 A。

5. **【答案】** ABD

【解析】 按照《公安部规定》第 251 条第 1 款规定："辨认时，应当将辨认对象混杂在特征相类似的其他对象中，不得给辨认人任何暗示。辨认犯罪嫌疑人时，被辨认的人数不得少于七人；对犯罪嫌疑人照片进行辨认的，不得少于十人的照片；辨认物品时，混杂的同类物品不得少于五件。"《公安部规定》第 249 条规定："为了查明案情，在必要的时候，侦查人员可以让被害人、证人或者犯罪嫌疑人对与犯罪有关的物品、文件、尸体、场所或者犯罪嫌疑人进行辨认。"同时，《公安部规定》第 251 条第 2 款规定："对场所、尸体等特定辨认对象进行辨认，或者辨认人能够准确描述物品独有特征的，陪衬物不受数量的限制。"AB 均正确。被辨认人数只有 6 名，不符合法定要求，C 错误。《公安部规定》第 252 条规定："对犯罪嫌疑人的辨认，辨认人不愿意公开进行时，可以在不暴露辨认人的情况下进行，并应当为其保守秘密。"可见，D 正确。本题答案是 ABD。

6. **【答案】** C

【解析】 按照《关于办理死刑案件审查判断证据若干问题的规定》第 30 条第 1 款规定："侦查机关组织的辨认，存在下列情形之一的，应当严格审查，不能确定其真实性的，辨认结果不能作为定案的根据：(1) 辨认不是在侦查人员主持下进行的；(2) 辨认前使辨认人见到辨认对象的；(3) 辨认人的辨认活动没有个别进行的；(4) 辨认对象没有混杂在具有类似特征的其他对象中，或者供辨认的对象数量不符合规定的；尸体、场所等特定辨认对象除外。(5) 辨认中给辨认人明显暗示或者明显有指认嫌疑的。"因此，A、B、D 不符合题意，错误。上述法条第 2 款规定："有下列情形之一的，通过有关办案人员的补正或者作出合理解释的，辨认结果可以作为证据使用：(1) 主持辨认的侦查人员少于 2 人的；(2) 没有向辨认人详细询问辨认对象的具体特征的；(3) 对辨认经过和结果没有制作专门的规范的辨认笔录，或者辨认笔录没有侦查人员、辨认人、见证人的签名或者盖章的；(4) 辨认记录过于简单，只有结果没有过程的；(5) 案卷中只有辨认笔录，没有被辨认对象的照片、录像等资料，无法获悉辨认的真实情况的。"由此可见，C 正确。本题答案是 C。

7. **【答案】** ACD

【解析】根据《刑事诉讼法》第123条规定："侦查人员在讯问犯罪嫌疑人的时候，可以对讯问过程进行录音或者录像；对于可能判处无期徒刑、死刑的案件或者其他重大犯罪案件，应当对讯问过程进行录音或者录像。录音或者录像应当全程进行，保持完整性。"可见，A正确。虽然乙既是犯罪嫌疑人，又是被害人，但讯问和询问程序不同，应当分别进行，因此，B错误。根据《公安部规定》第210条规定："公安机关对案件现场进行勘查不得少于二人。勘查现场时，应当邀请与案件无关的公民作为见证人。"可见，C正确。根据《刑事诉讼法》第141条第1款的规定："在侦查活动中发现的可用以证明犯罪嫌疑人有罪或者无罪的各种财物、文件，应当查封、扣押；与案件无关的财物、文件，不得查封、扣押。"可见，D正确。本题答案是A、C、D。

8. 【答案】ACD

【解析】按照《刑事诉讼法》第153条第2款规定："对涉及给付毒品等违禁品或者财物的犯罪活动，公安机关根据侦查犯罪的需要，可以依照规定实施控制下交付。"A正确。按照《刑事诉讼法》第151条规定："批准决定应当根据侦查犯罪的需要，确定采取技术侦查措施的种类和适用对象。批准决定自签发之日起三个月以内有效。对于不需要继续采取技术侦查措施的，应当及时解除；对于复杂、疑难案件，期限届满仍有必要继续采取技术侦查措施的，经过批准，有效期可以延长，每次不得超过三个月。"因此，B错误。《刑事诉讼法》第150条第1款规定："公安机关在立案后，对于危害国家安全犯罪、恐怖活动犯罪、黑社会性质的组织犯罪、重大毒品犯罪或者其他严重危害社会的犯罪案件，根据侦查犯罪的需要，经过严格的批准手续，可以采取技术侦查措施。"C正确。《高法解释》第107条第1款规定："采取技术侦查措施收集的证据材料，经当庭出示、辨认、质证等法庭调查程序查证属实的，可以作为定案的根据。使用前款规定的证据可能危及有关人员的人身安全，或者可能产生其他严重后果的，法庭应当采取不暴露有关人员身份、技术方法等保护措施，必要时，审判人员可以在庭外核实。"由此可见，D正确。本题答案是C、D。

9. 【答案】D

【解析】按照《刑事诉讼法》第141条第1款规定："在侦查活动中发现的可用以证明犯罪嫌疑人有罪或者无罪的各种财物、文件，应当查封、扣押；与案件无关的财物、文件，不得查封、扣押。"查封、扣押并不一定非要在勘验、搜查中实施，A错误。按照《刑事诉讼法》第144条第1款规定："人民检察院、公安机关根据侦查犯罪的需要，可以依照规定查询、冻结犯罪嫌疑人的存款、汇款、债券、股票、基金份额等财产。有关单位和个人应当配合。"由此可见，对于无形的财产权，采用查封、冻结的方式，B错误。《刑事诉讼法》第143条第1款规定："侦查人员认为需要扣押犯罪嫌疑人的邮件、电报的时候，经公安机关或者人民检察院批准，即可通知邮电机关将有关的邮件、电报检交扣押。"可见，C错误。按照《刑事诉讼法》第145条规定："对查封、扣押的财物、文件、邮件、电报或者冻结的存款、汇款、债券、股票、基金份额等财产，经查明确实与案件无关的，应当在三日以内解除查封、扣押、冻结，予以退还。"D正确。本题答案是D。

10. 【答案】D

【解析】根据《最高检规则》第384条规定："人民检察院对已经退回侦查机关二次补充

侦查的案件，在审查起诉中又发现新的犯罪事实的，应当移送侦查机关立案侦查；对已经查清的犯罪事实，应当依法提起公诉。”由此可见，D 正确，A、B、C 均错误。本题答案是 D。

11. 【答案】ABC

【解析】按照《高检规则》第 319 条规定：“对公安机关提请批准逮捕的犯罪嫌疑人，具有本规则第一百四十三条和第一百四十四条规定情形，人民检察院作出不批准逮捕决定的，应当说明理由，连同案卷材料送达公安机关执行。需要补充侦查的，应当同时通知公安机关。”由此可见，检察院只有在不批准逮捕的情形下才能通知公安机关补充侦查，A 正确。按照《刑事诉讼法》第 175 条第 3 款规定：“对于补充侦查的案件，应当在一个月以内补充侦查完毕。补充侦查以二次为限。”因此，B 正确。按照《高检规则》第 457 条规定：“在审判过程中，对于需要补充提供法庭审判所必需的证据或者补充侦查的，人民检察院应当自行收集证据和进行侦查，必要时可以要求侦查机关提供协助。”由此可见，C 正确。按照《高法解释》第 226 条第 2 款规定：“审判期间，被告人提出新的立功线索的，人民法院可以建议人民检察院补充侦查。”因此，D 错误。本题答案是 ABC。

第十三章　起诉

第一节　提起公诉的程序

1. 高某涉嫌抢劫犯罪，公安机关经二次补充侦查后将案件移送检察机关，检察机关审查发现高某可能还实施了另一起盗窃犯罪。检察机关关于此案的处理，下列哪一选项是正确的？（　　）（2013－2－25，单选）
   A. 再次退回公安机关补充侦查，并要求在一个月内补充侦查完毕
   B. 要求公安机关收集并提供新发现的盗窃犯罪的证据材料
   C. 对新发现的盗窃犯罪自行侦查，并要求公安机关提供协助
   D. 将新发现的盗窃犯罪移送公安机关另行立案侦查，对已经查清的抢劫犯罪提起公诉
2. 检察院在审查起诉时，下列哪一处理方式是正确的？（　　）（2010－2－32，单选）
   A. 审查公安机关移送起诉的投毒案，发现犯罪嫌疑人周某根本没有作案时间，遂书面说明理由将案卷退回公安机关并建议公安机关重新侦查
   B. 审查吴某、郑某共同抢劫案的过程中，吴某在押但郑某潜逃，遂全案中止审查起诉
   C. 甲县公安局将蔡某抢劫案移送甲县检察院审查起诉，甲县检察院审查认为蔡某可能会被判处死刑，遂将案件退回
   D. 甲县检察院受理移送起诉的谭某诈骗案，认为应当由谭某居住地的乙县检察院起诉，遂将案卷材料移送乙县检察院审查起诉，但未通知甲县公安局

第二节　不起诉

1. 监察机关将刘某受贿案移送检察院审查起诉，检察院审查起诉后认为证据不足，关于本案的处理，下列说法正确的是（　　）（模拟题）
   A. 检察院经过两次退回补充调查，仍无法证明有罪的，应当决定不起诉
   B. 检察院不得自行侦查
   C. 监察机关对刘某的留置在移送审查起诉尚未期满，检察院可以继续留置
   D. 如果检察院作出了不起诉的决定，监察机关不服的，可以向同级检察院提请复议
2. 被害人对于检察院作出不起诉决定不服而在7日内提出申诉时，下列哪一说法是正确的？（　　）（2011－2－31，单选）
   A. 由作出决定的检察院受理被害人的申诉
   B. 由与作出决定的检察院相对应的法院受理被害人的申诉
   C. 被害人提出申诉同时又向法院起诉的，法院应裁定驳回起诉
   D. 被害人提出申诉后又撤回的，仍可向法院起诉
3. 钟某因抢劫罪和盗窃罪被某县公安机关立案侦查，侦查机关查封、扣押、冻结了钟某的涉案财物。在侦查期间，钟某不仅认罪认罚，而且还检举揭发了戴某10年前的杀人案

件，从而帮助公安机关侦破了案件。关于本案，下列说法正确的是？（ ）（模拟题）

A. 只有经最高人民检察院核准，县公安机关才能撤销案件

B. 如果案件进入审查起诉阶段，经最高人民检察院核准，县检察院应当作出不起诉的决定

C. 如果县检察院决定不起诉，应当全案不起诉

D. 不论是公安机关撤销案件，还是检察院不起诉，应当及时对查封、扣押、冻结的财物及其孳息作出处理

参考答案及解析

第一节 提起公诉的程序

1. 【答案】D

【解析】按照《高检规则》第 384 条规定："人民检察院对已经退回侦查机关二次补充侦查的案件，在审查起诉中又发现新的犯罪事实的，应当移送侦查机关立案侦查；对已经查清的犯罪事实，应当依法提起公诉。"由此可见，D 正确，A、B、C 错误。本题答案是 D。

2. 【答案】A

【解析】按照《高检规则》第 401 条的规定："人民检察院对于公安机关移送审查起诉的案件，发现犯罪嫌疑人没有犯罪事实，或者符合《刑事诉讼法》第 16 条规定的情形之一的，经检察长或者检察委员会决定，应当作出不起诉决定。对于犯罪事实并非犯罪嫌疑人所为，需要重新侦查的，应当在作出不起诉决定后书面说明理由，将案卷材料退回公安机关并建议公安机关重新侦查。"结合本题，检察院应当在作出不起诉决定后书面说明理由将案卷退回公安机关并建议公安机关重新侦查，A 正确。《高检规则》第 154 条第 3 款规定："对于移送审查起诉的案件，如果犯罪嫌疑人在逃的，应当要求公安机关采取措施保证犯罪嫌疑人到案后再移送审查起诉。共同犯罪案件中部分犯罪嫌疑人在逃的，对在案的犯罪嫌疑人的审查起诉应当依法进行。"可见，B 错误。《高检规则》第 362 条第 2 款规定："人民检察院受理同级公安机关移送审查起诉的案件，认为属于上级人民法院管辖的第一审案件的，应当报送上一级人民检察院，同时通知移送审查起诉的公安机关。认为属于同级其他人民法院管辖的第一审案件的，应当移送有管辖权的人民检察院或者报送共同的上级人民检察院指定管辖，同时通知移送审查起诉的公安机关。"因此，C、D 错误。本题答案是 A。

第二节 不起诉

1. 【答案】A

【解析】《监察法》第 47 条规定："对监察机关移送的案件，人民检察院依照《中华人民共和国刑事诉讼法》对被调查人采取强制措施。人民检察院经审查，认为犯罪事实已经查清，证据确实、充分，依法应当追究刑事责任的，应当作出起诉决定。人民检察院经审查，认为需要补充核实的，应当退回监察机关补充调查，必要时可以自行补充侦查。

对于补充调查的案件，应当在一个月内补充调查完毕。补充调查以二次为限。人民检察院对于有《中华人民共和国刑事诉讼法》规定的不起诉的情形的，经上一级人民检察院批准，依法作出不起诉的决定。监察机关认为不起诉的决定有错误的，可以向上一级人民检察院提请复议。”由此可见，B、D 错误。如果监察机关移送检察院审查起诉，强制措施由检察院依据刑诉法规定采取强制措施，而非继续留置，C 错误。2 次退回补充调查，证据不足的，检察院作出不起诉决定符合刑诉法的规定，A 正确。

2. 【答案】D

【解析】按照《刑事诉讼法》第 180 条规定：“对于不起诉决定，被害人如果不服，可以自收到决定书后 7 日以内向上一级人民检察院申诉。被害人也可以不经申诉，直接向人民法院起诉。”由此可见，A、B、C 错误，D 选项正确。本题答案是 D。

3. 【答案】AD

【解析】按照《刑事诉讼法》第 182 条的规定：“犯罪嫌疑人自愿如实供述涉嫌犯罪的事实，有重大立功或者案件涉及国家重大利益的，经最高人民检察院核准，公安机关可以撤销案件，人民检察院可以作出不起诉决定，也可以对涉嫌数罪中的一项或者多项不起诉。根据前款规定不起诉或者撤销案件的，人民检察院、公安机关应当及时对查封、扣押、冻结的财物及其孳息作出处理。”由此可见，A、D 正确，B、C 错误，均错在“应当”表述上，而是“可以”。本题答案是 A、D。

第十四章　刑事审判概述

第一节　刑事审判的概念、任务与模式

1. 刑事审判具有亲历性特征。下列哪一选项不符合亲历性要求？（　　）（2014—2—36，单选）
   A. 证人因路途遥远无法出庭，采用远程作证方式在庭审过程中作证
   B. 首次开庭并对出庭证人的证言质证后，某合议庭成员因病无法参与审理，由另一人民陪审员担任合议庭成员继续审理并作出判决
   C. 某案件独任审判员在公诉人和辩护人共同参与下对部分证据进行庭外调查核实
   D. 第二审法院对决定不开庭审理的案件，通过讯问被告人，听取被害人、辩护人和诉讼代理人的意见进行审理
2. 关于我国刑事诉讼中起诉与审判的关系，下列哪一选项是正确的？（　　）（2015—2—36，单选）
   A. 自诉人提起自诉后，在法院宣判前，可随时撤回自诉，法院应准许
   B. 法院只能就起诉的罪名是否成立作出裁判
   C. 在法庭审理过程中，法院可建议检察院补充、变更起诉
   D. 对检察院提起公诉的案件，法院判决无罪后，检察院不能再次起诉

第二节　刑事审判的原则

1. 《中共中央关于全面深化改革若干重大问题的决定》提出“让审理者裁判、由裁判者负责”。结合刑事诉讼基本原理，关于这一表述的理解，下列哪一选项是正确的？（　　）（2016—2—22，单选）
   A. 体现了我国刑事诉讼职能的进一步细化与完善
   B. 体现了刑事诉讼直接原则的要求
   C. 体现了刑事审判的程序性特征
   D. 体现了刑事审判控辩式庭审方式改革的方向
2. 下列哪些选项体现了集中审理原则的要求？（　　）（2010—2—73，多选）
   A. 案件一旦开始审理即不得更换法官
   B. 法庭审理应不中断地进行
   C. 更换法官或者庭审中断时间较长的，应当重新进行审理
   D. 法庭审理应当公开进行

第三节　审级制度

下列哪一选项属于两审终审制的例外？（　　）（2017—2—33，单选）
A. 自诉案件的刑事调解书经双方当事人签收后，即具有法律效力，不得上诉

B. 地方各级法院的第一审判决，法定期限内没有上诉、抗诉，期满即发生法律效力

C. 在法定刑以下判处刑罚的判决，报请最高法院核准后生效

D. 法院可通过再审，撤销或者改变已生效的二审判决

第四节 审判组织

1. 下列哪些情形下，合议庭成员不承担责任？（　　）（2013—2—73，多选）

A. 发现了新的无罪证据，合议庭作出的判决被改判的

B. 合议庭认为审前供述虽非自愿，但能够与其他证据相印证，因此予以采纳，该供述后来被上级法院排除后而改判的

C. 辩护方提出被告人不在犯罪现场的线索和证据材料，合议庭不予调查，作出有罪判决而被改判无罪的

D. 合议庭对某一事实的认定以生效的民事判决为依据，后来该民事判决被撤销，导致刑事判决发回重审的

2. 某市法院审理本市第一起醉酒驾车刑事案件。下列哪一说法是正确的？（　　）（2011—2—34，单选）

A. 审判长可以提请庭长组织相关审判人员共同讨论

B. 法院院长可以主动组织相关审判人员共同讨论并作出决定

C. 庭长按照规定组织相关审判人员共同讨论形成的意见对合议庭有约束力

D. 法院院长可以指令庭长组织相关审判人员共同讨论

3. 根据《最高人民法院关于进一步加强合议庭职责的若干规定》，关于合议庭，下列哪些说法是正确的？（　　）（2010—2—72，多选）

A. 合议庭是法院的基本审判组织，由审判员和人民陪审员随机组成

B. 合议庭成员因对案件事实和证据认识上的偏差而导致案件被改判或者发回重审的不承担责任

C. 合议庭成员因法律修订或者政策调整而导致案件被改判或者发回重审的不承担责任

D. 开庭审理时，合议庭成员从事与该庭审无关的活动，当事人提出异议合议庭不纠正的，当事人可以要求延期审理，并将有关情况记入庭审笔录

4. 张某故意杀人案由于社会影响很大，X市中级人民法院依法吸收人民陪审员组成合议庭进行审理。关于本案，下列说法正确的是？（　　）（模拟题）

A. 担任X市的人民陪审员应当由X市人大常委会任命

B. 合议庭应当由4名人民陪审员和3名法官组成

C. 张某申请人民陪审员参加合议庭审判的，法院应当决定由人民陪审员和法官组成合议庭审判

D. 除了不能担任审判长，人民陪审员与法官享有同等的审判权力

参考答案及解析

第一节 刑事审判的概念、任务与模式

1. **【答案】** B

【解析】审判亲历性指的是裁判者对证据的调查和法庭的审理应当亲自进行，不能由他人代为实施。就A选项而言，证人虽然没有亲自出庭，但法官对该证言却是亲自感知，符合亲历性的要求。《关于人民法院合议庭工作的若干规定》第3条规定："合议庭组成人员确定后，除因回避或者其他特殊情况，不能继续参加案件审理的之外，不得在案件审理过程中更换。更换合议庭成员，应当报请院长或者庭长决定。合议庭成员的更换情况应当及时通知诉讼当事人。"更换合议庭成员后，新的陪审员继续审理案件，对之前的案件审理没有亲自感知，违背了亲历性原则的要求，B错误。法官虽然在庭外对证据进行调查核实，但属于亲历而为，符合亲历性原则的要求，C正确。按照《刑事诉讼法》第234条第2款规定："第二审人民法院决定不开庭审理的，应当讯问被告人，听取其他当事人、辩护人、诉讼代理人的意见。"在书面审理中，二审法官同样亲自接触和感知了证据材料和案件事实，符合亲历性原则的要求，D不符合题意。本题答案是B。

2. 【答案】C

【解析】按照《高法解释》第272条规定："判决宣告前，自诉案件的当事人可以自行和解，自诉人可以撤回自诉。人民法院经审查，认为和解、撤回自诉确属自愿的，应当裁定准许；认为系被强迫、威吓等，并非出于自愿的，不予准许。"由此可见，A错误。按照《高法解释》第241条规定："对第一审公诉案件，人民法院审理后，应当按照下列情形分别作出判决、裁定：起诉指控的事实清楚，证据确实、充分，指控的罪名与审理认定的罪名不一致的，应当按照审理认定的罪名作出有罪判决。"因此，法院裁判不受起诉罪名范围的限制，B错误。按照《高法解释》第243条规定："审判期间，人民法院发现新的事实，可能影响定罪的，可以建议人民检察院补充或者变更起诉。"C正确。按照《高法解释》第181条规定："人民法院对提起公诉的案件审查后，应当按照下列情形分别处理：依照刑事诉讼法第一百九十五条第三项规定宣告被告人无罪后，人民检察院根据新的事实、证据重新起诉的，应当依法受理。"可见，D错误。本题答案是C。

第二节　刑事审判的原则

1. 【答案】B

【解析】"让审理者裁判、由裁判者负责"强调审判的"亲历性"。而审判的亲历性又是刑事诉讼法直接原则的内容和要求，因此，B正确，A、C、D均不符合题意。本题答案是B。

2. 【答案】ABC

【解析】集中审理原则的具体具体要求是：(1) 法庭审理应不中断地进行；(2) 案件一旦开始审理原则上即不得更换法官；(3) 更换法官或法庭因故延期审理较长时间者，应重新进行审理。因此，A、B、C正确，D错误。本题答案是ABC。

第三节　审级制度

【答案】C

【解析】我国实行两审终审制，但其也有三种例外情形：(1) 最高人民法院审理的第一审案件为一审终审；(2) 判处死刑的案件，必须依法经过死刑复核程序核准后，判处死刑的裁判才能生效并交付执行；(3) 地方各级人民法院依照刑法规定在法定刑以下判处刑罚的案件，必须经过最高人民法院核准，判决、裁定才能生效并交付执行。由此可见，C项是正确答案。

第四节　审判组织

1. 【答案】ABD

【解析】按照《最高人民法院关于进一步加强合议庭职责的若干规定》第10条规定："合议庭组成人员存在违法审判行为的，应当按照《人民法院审判人员违法审判责任追究办法（试行）》等规定追究相应责任。合议庭审理案件有下列情形之一的，合议庭成员不承担责任：(一) 因对法律理解和认识上的偏差而导致案件被改判或者发回重审的；(二) 因对案件事实和证据认识上的偏差而导致案件被改判或者发回重审的；(三) 因新的证据而导致案件被改判或者发回重审的；(四) 因法律修订或者政策调整而导致案件被改判或者发回重审的；(五) 因裁判所依据的其他法律文书被撤销或变更而导致案件被改判或者发回重审的；(六) 其他依法履行审判职责不应当承担责任的情形。"由此可见，A、B、D均不承担责任。本题答案是A、B、D。

2. 【答案】A

【解析】按照最高人民法院《关于进一步加强合议庭职责的若干规定》第7条第1款规定："对于重大、疑难、复杂或者新类型的案件，可以由审判长提请院长或者庭长决定组织相关审判人员共同讨论，合议庭成员应当参加。"在2011年，由于刑法修正案（九）新增的危险驾驶罪属于新类型案件，A正确。根据上述规定，不应由院长来主动组织，应由审判长提请院长或庭长来组织，B错误。该讨论意见仅供合议庭参考，没有约束力，C错误。院长不能主动指令组织，需审判长提请，D错误。本题答案是A。

3. 【答案】BC

【解析】根据《刑事诉讼法》第183条和相关司法解释的规定，合议庭由审判员或者由审判员和人民陪审员组成，而不是一律由审判员和人民陪审员组成。因此，A错误。根据最高人民法院《关于进一步加强合议庭职责的若干规定》第10条规定："合议庭审理案件有下列情形之一的，合议庭成员不承担责任：(1) 因对法律理解和认识上的偏差而导致案件被改判或者发回重审的；(2) 因对案件事实和证据认识上的偏差而导致案件被改判或者发回重审的；(3) 因新的证据而导致案件被改判或者发回重审的；(4) 因法律修订或者政策调整而导致案件被改判或者发回重审的；(5) 因裁判所依据的其他法律文书被撤销或变更而导致案件被改判或者发回重审的；(6) 其他依法履行审判职责不应当承担责任的情形。"根据这一规定，B、C正确。按照该规定第5条规定："合议庭成员未参加庭审、中途退庭或者从事与该庭审无关的活动，当事人提出异议的，应当纠正。合议庭仍不纠正的，当事人可以要求休庭，并将有关情况记入庭审笔录。"由此可见，D错误，不是延期审理，而是休庭。本题答案是B、C。

4. 【答案】B

【解析】按照《人民陪审员》第8条第1款的规定："人民陪审员的名额，由基层人民法院根据审判案件的需要，提请同级人民代表大会常务委员会确定。"另外，《人民陪审员法》第19条第2款："中级人民法院、高级人民法院审判案件需要由人民陪审员参加合议庭审判的，在其辖区内的基层人民法院的人民陪审员名单中随机抽取确定。"由此可见，A错误。按照《人民陪审员法》第16条的规定："人民法院审判下列第一审案件，由人民陪审员和法官组成七人合议庭进行：（一）可能判处十年以上有期徒刑、无期徒刑、死刑，社会影响重大的刑事案件。"同时，《人民陪审员法》第14条规定："人民陪审员和法官组成合议庭审判案件，由法官担任审判长，可以组成三人合议庭，也可以由法官三人与人民陪审员四人组成七人合议庭。"由此可见，B正确。按照《人民陪审员法》第17条的规定："第一审刑事案件被告人、民事案件原告或者被告、行政案件原告申请由人民陪审员参加合议庭审判的，人民法院可以决定由人民陪审员和法官组成合议庭审判。"可见，刑事被告人虽然有权申请人民陪审，但申请后，法院并非"应当"而是"可以"决定实行人民陪审，C错误。按照《人民陪审员法》第22条的规定："人民陪审员参加七人合议庭审判案件，对事实认定，独立发表意见，并与法官共同表决；对法律适用，可以发表意见，但不参加表决。"由此可见，在7人合议庭中，人民陪审员和审判员的权力并不相同，D错误。本题答案是B。

第十五章　第一审程序

第一节　公诉案件的第一审程序

1. 法院对检察院提起公诉的案件进行庭前审查，下列哪些做法是正确的？（　　）（2010－2－71，多选）

A. 发现被告人张某在起诉前已从看守所脱逃的，退回检察院

B. 法院裁定准许撤诉的抢劫案，检察院因被害人范某不断上访重新起诉的，不予受理

C. 起诉时提供的一名外地证人石某没有列明住址和通讯处的，通知检察院补送

D. 某被告人被抓获后始终一言不发，也没有任何有关姓名、年龄、住址、单位等方面的信息或线索的，不予受理

2. 法院在审理胡某持有毒品案时发现，胡某不仅持有毒品数量较大，而且向他人出售毒品构成贩卖毒品罪。关于本案，下列哪一选项是正确的？（　　）（2016－2－36，单选）

A. 如胡某承认出售毒品，法院可直接改判

B. 法院可在听取控辩双方意见基础上直接改判

C. 法院可建议检察院补充或者变更起诉

D. 法院可建议检察院退回补充侦查

3. 甲女与乙男在某社交软件互加好友，手机网络聊天过程中，甲女多次向乙男发送暧昧言语和色情图片，表示可以提供有偿性服务。二人于酒店内见面后因价钱谈不拢而争吵，乙男强行将甲女留在房间内，并采用胁迫手段与其发生性关系。后甲女向公安机关报案，乙男则辩称双方系自愿发生性关系。本案后起诉至法院，关于本案审理程序，下列选项正确的是（　　）（2016－2－96，不定项）

A. 应当不公开审理

B. 甲女因出庭作证而支出的交通、住宿的费用，法院应给予补助

C. 甲女可向法院提起附带民事诉讼要求乙男赔偿因受侵害而支出的医疗费

D. 公诉人讯问乙男后，甲女可就强奸的犯罪事实向乙男发问

4. 高某利用职务便利多次收受贿赂，还雇凶将举报他的下属王某打成重伤。关于本案庭前会议，下列哪些选项是正确的？（　　）（2015－2－72，多选）

A. 高某可就案件管辖提出异议

B. 王某提起附带民事诉讼的，可调解

C. 高某提出其口供系刑讯所得，法官可在审查讯问时同步录像的基础上决定是否排除口供

D. 庭前会议上出示过的证据，庭审时举证、质证可简化

5. 关于庭前会议，下列哪些选项是正确的？（　　）（2014－2－71，多选）

A. 被告人有参加庭前会议的权利

B. 被害人提起附带民事诉讼的，审判人员可在庭前会议中进行调解

C. 辩护人申请排除非法证据的，可在庭前会议中就是否排除作出决定

D. 控辩双方可在庭前会议中就出庭作证的证人名单进行讨论

6. 法院审理郑某涉嫌滥用职权犯罪案件，在宣告判决前，检察院发现郑某和张某接受秦某巨款，涉嫌贿赂犯罪。对于新发现犯罪嫌疑人和遗漏罪行的处理，下列哪些做法是正确的？（　　）（2013－2－66，多选）

A. 法院可以主动将张某、秦某追加为被告人一并审理

B. 检察院可以补充起诉郑某、张某和秦某的贿赂犯罪

C. 检察院可以将张某、秦某追加为被告人，要求法院一并审理

D. 检察院应当撤回起诉，将三名犯罪嫌疑人以两个罪名重新起诉

7. 审理一起团伙犯罪案时，因涉及多个罪名和多名被告人、被害人，审判长为保障庭审秩序，提高效率，在法庭调查前告知控辩双方注意事项。下列哪些做法是错误的？（　　）（2012－2－69，多选）

A. 公诉人和被告人仅就刑事部分进行辩论，被害人和被告人仅就附带民事部分进行辩论

B. 控辩双方仅在法庭辩论环节就证据的合法性、相关性问题进行辩论

C. 控辩双方可就证据问题、事实问题、程序问题以及法律适用问题进行辩论

D. 为保证控方和每名辩护人都有发言时间，控方和辩方发表辩论意见时间不超过 30 分钟

8. 关于证人出庭作证，下列哪些说法是正确的？（　　）（2012－2－72，多选）

A. 需要出庭作证的警察就其执行职务时目击的犯罪情况出庭作证，适用证人作证的规定

B. 警察就其非执行职务时目击的犯罪情况出庭作证，不适用证人作证的规定

C. 对了解案件情况的人，确有必要时，可以强制到庭作证

D. 证人没有正当理由拒绝出庭作证的，只有情节严重，才可以处以拘留，且拘留不可以超过 10 日

9. 法院在审理一起抢夺案时，发现被告人朱某可能有自首情节，但起诉书和移送材料中没有相关证据材料。关于法院应当如何处理，下列哪一选项是正确的？（　　）（模拟题）

A. 运用庭外调查权调查核实　　B. 建议检察院补充侦查

C. 裁定驳回起诉　　D. 应当通知检察院移送

10. 某国有银行涉嫌违法发放贷款造成重大损失，该行行长因系直接负责的主管人员也被追究刑事责任，信贷科科长齐某因较为熟悉银行贷款业务被确定为单位的诉讼代表人。关于本案审理程序，下列哪一选项是正确的？（　　）（2015－2－37，单选）

A. 如该案在开庭审理前召开庭前会议，应通知齐某参加

B. 齐某无正当理由拒不出庭的，可拘传其到庭

C. 齐某可当庭拒绝银行委托的辩护律师为该行辩护

D. 齐某没有最后陈述的权利

11. 迅辉制药股份公司主要生产健骨消痛丸，公司法定代表人陆某指令保管员韩某采用不登记入库、销售人员打白条领取产品的方法销售，逃避缴税 65 万元。迅辉公司及陆某以逃税罪被起诉到法院。（2013－2－92～94，不定项）请回答第（1）～（3）题。

（1）可以作为迅辉公司单位犯罪的诉讼代表人的是（　　）

A. 公司法定代表人陆某　　B. 被单位委托的职工王某

C. 保管员韩某　　　　　　　　　　D. 公司副经理李某

(2) 对迅辉公司财产的处置，下列选项正确的是（　　）。

A. 涉及违法所得及其孳息，尚未被追缴的，法院应当追缴

B. 涉及违法所得及其孳息，尚未被查封、扣押、冻结的，法院应当查封、扣押、冻结

C. 为了保证判决的执行，对迅辉公司财产，法院应当先行查封、扣押、冻结

D. 如果迅辉公司能够提供担保，对其财产也可以不采取查封、扣押、冻结

(3) 如迅辉公司在案件审理期间发生下列变故，法院的做法正确的是（　　）。

A. 公司被撤销，不能免除单位和单位主管人员的刑事责任

B. 公司被注销，对单位不再追诉，对主管人员继续审理

C. 公司被合并，仍应将迅辉公司列为被告单位，并以其在新单位的财产范围承担责任

D. 公司被分立，应将分立后的单位列为被告单位，并以迅辉公司在新单位的财产范围承担责任

12. 下列哪一选项属于刑事诉讼中适用中止审理的情形？（　　）（2012－2－31，单选）

A. 由于申请回避而不能进行审判的

B. 需要重新鉴定的

C. 被告人患有严重疾病，长时间无法出庭的

D. 检察人员发现提起公诉的案件需要补充侦查，提出建议的

13. 下列哪一段时间应计入一审案件审理期限？（　　）（2010－2－34，单选）

A. 需要延长审理期限的案件，办理报请高级法院批准手续的时间

B. 当事人申请重新鉴定，经法院同意延期审理的时间

C. 检察院补充侦查完毕后重新移送法院的案件，法院收到案件之日以前补充侦查的时间

D. 法院改变管辖的案件，自改变管辖决定作出至改变后的法院收到案件之日的时间

第二节　自诉案件的第一审程序

1. 方某涉嫌在公众场合侮辱高某和任某，高某向法院提起自诉。关于本案的审理，下列哪些选项是正确的？（　　）（2014－2－72，多选）

A. 如果任某担心影响不好不愿起诉，任某的父亲可代为起诉

B. 法院通知任某参加诉讼并告知其不参加的法律后果，任某仍未到庭，视为放弃告诉，该案宣判后，任某不得再行自诉

C. 方某的弟弟系该案关键目击证人，经法院通知其无正当理由不出庭作证的，法院可强制其到庭

D. 本案应当适用简易程序审理

2. 某法院在审理张某自诉伤害案中，发现被告人还实施过抢劫。对此，下列哪一做法是正确的？（　　）（2010－2－31，单选）

A. 继续审理伤害案，将抢劫案移送有管辖权的公安机关

B. 鉴于伤害案属于可以公诉的案件，将伤害案与抢劫案一并移送有管辖权的公安机关

C. 继续审理伤害案，建议检察院对抢劫案予以起诉

D. 对伤害案延期审理，待检察院对抢劫案起诉后一并予以审理

3. 关于自诉案件的程序，下列哪一选项是正确的？（　　）（2014—2—37，单选）

A. 不论被告人是否羁押，自诉案件与普通公诉案件的审理期限都相同

B. 不论在第一审程序还是第二审程序中，在宣告判决前，当事人都可和解

C. 不论当事人在第一审还是第二审审理中提出反诉的，法院都应当受理

D. 在第二审程序中调解结案的，应当裁定撤销第一审裁判

4. 关于自诉案件的和解和调解，下列哪些说法是正确的？（　　）（2011—2—72，多选）

A. 和解和调解适用于自诉案件

B. 和解和调解都适用于告诉才处理和被害人有证据证明的轻微案件

C. 和解和调解应当制作调解书、和解协议，由审判人员和书记员署名并加盖法院印章

D. 对于当事人已经签收调解书或法院裁定准许自诉人撤诉的案件，被告人被羁押的，应当予以解除

第三节　简易程序

1. 下列哪一案件可适用简易程序审理？（　　）（2017—2—34，单选）

A. 甲为境外非法提供国家秘密案，情节较轻，可能判处 3 年以下有期徒刑

B. 乙抢劫案，可能判处 10 年以上有期徒刑，检察院未建议适用简易程序

C. 丙传播淫秽物品案，经审查认为，情节显著轻微，可能不构成犯罪

D. 丁暴力取证案，可能被判处拘役，丁的辩护人作无罪辩护

2. 王某系聋哑人，因涉嫌盗窃罪被提起公诉。关于本案，下列哪一选项是正确的？（　　）（2016—2—28，单选）

A. 讯问王某时，如有必要可通知通晓聋哑手势的人参加

B. 王某没有委托辩护人，应通知法律援助机构指派律师为其提供辩护

C. 辩护人经通知未到庭，经王某同意，法院决定开庭审理

D. 因事实清楚且王某认罪，实行独任审判

3. 关于简易程序，下列哪些选项是正确的？（　　）（2014—2—73，多选）

A. 甲涉嫌持枪抢劫，法院决定适用简易程序，并由两名审判员和一名人民陪审员组成合议庭进行审理

B. 乙涉嫌盗窃，未满 16 周岁，法院只有在征得乙的法定代理人和辩护人同意后，才能适用简易程序

C. 丙涉嫌诈骗并对罪行供认不讳，但辩护人为其做无罪辩护，法院决定适用简易程序

D. 丁涉嫌故意伤害，经审理认为可能不构成犯罪，遂转为普通程序审理

4. 甲犯抢夺罪，法院经审查决定适用简易程序审理。关于本案，下列哪一选项是正确的？（　　）（2016—2—37，单选）

A. 适用简易程序必须由检察院提出建议

B. 如被告人已提交承认指控犯罪事实的书面材料，则无需再当庭询问其对指控的意见

C. 不需要调查证据，直接围绕罪名确定和量刑问题进行审理

D. 如无特殊情况，应当庭宣判

第四节　速裁程序

1. 郑某因故意伤害马某被检察院提起公诉，案件事实清楚，证据确实充分，郑某认罪认罚，下列关于本案审判程序的说法，正确的是？（　　）（模拟题）

A. 如果检察院建议适用速裁程序，法院应当适用速裁程序审理案件

B. 郑某不同意的，法院不得适用速裁程序

C. 如果郑某与马某没有就附带民事诉讼赔偿等事项达成调解或者和解协议的，法院不得适用速裁程序

D. 如果法院适用速裁程序审理案件，应当在受理后十日以内审结

2. 对于下列哪些案件，法院不得适用速裁程序进行审理？（　　）（模拟题）

A. 聋哑人甲抢劫案，甲认罪认罚，并有自首情节，赃物全部退还受害人

B. 17 岁的乙盗窃案，甲认罪认罚，与受害人达成了刑事和解

C. 丙丁共同诈骗案

D. 戊为境外刺探、窃取国家秘密案，其情节轻微，并认罪认罚

3. 徐某故意毁坏财物案被检察院起诉至法院，由于徐某认罪认罚，法院适用速裁程序进行审理，下列说法正确的是？（　　）（模拟题）

A. 法院可以不进行法庭调查和法庭辩论

B. 在宣判前，不仅应当听取徐某的最后陈述意见，还应当听取徐某辩护人的意见

C. 应当当庭宣判

D. 如果徐某否认指控的犯罪，法院应当按照普通程序重新审理

第五节　判决、裁定和决定

1. 在一审法院审理中出现下列哪一特殊情形时，应以判决的形式作出裁判？（　　）（2017—2—35，单选）

A. 经审理发现犯罪已过追诉时效且不是必须追诉的

B. 自诉人未经法庭准许中途退庭的

C. 经审理发现被告人系精神病人，在不能控制自己行为时造成危害结果的

D. 被告人在审理过程中死亡，根据已查明的案件事实和认定的证据，尚不能确认其无罪的

2. 诉讼文书一般由首部、正文（事实与理由部分）、尾部组成，下列哪些选项属于法院刑事判决书中的理由部分？（　　）（2011—2—65，多选）

A. 辩护人的辩护意见

B. 经法庭审理查明的事实和据以定案的证据

C. 依法确定首要分子、主犯、从犯的罪名

D. 对控辩双方适用法律方面的意见是否采纳的理由分析

3. 关于刑事判决与裁定的区别，下列哪一选项是正确的？（　　）（2010—2—35，单选）

A. 判决解决案件的实体问题，裁定解决案件的程序问题

B. 一案中只能有一个判决，裁定可以有若干个

C. 判决只能以书面的形式表现，裁定只以口头作出

D. 不服判决与不服裁定的上诉、抗诉期限不同

参考答案及解析

第一节 公诉案件的第一审程序

1. **【答案】** AC

【解析】 按照《高法解释》第 181 条第 1 款规定："人民法院对提起公诉的案件审查后，应当按照下列情形分别处理：(1) 属于告诉才处理的案件，应当退回人民检察院，并告知被害人有权提起自诉；(2) 不属于本院管辖或者被告人不在案的，应当退回人民检察院；(3) 不符合前条第 2 项至第 8 项规定之一，需要补充材料的，应当通知人民检察院在 3 日内补送；(4) 依照《刑事诉讼法》第 200 条第 3 项规定宣告被告人无罪后，人民检察院根据新的事实、证据重新起诉的，应当依法受理；(5) 依照本解释第 242 条规定裁定准许撤诉的案件，没有新的事实、证据，重新起诉的，应当退回人民检察院；(6) 符合《刑事诉讼法》第 16 条第 2 项至第 6 项规定情形的，应当裁定终止审理或者退回人民检察院；(7) 被告人真实身份不明，但符合《刑事诉讼法》第 160 条第 2 款规定的，应当依法受理。"由此可见，本题答案是 A、C。

2. **【答案】** C

【解析】 按照《高法解释》第 243 条规定："审判期间，人民法院发现新的事实，可能影响定罪的，可以建议人民检察院补充或者变更起诉；人民检察院不同意或者在七日内未回复意见的，人民法院应当就起诉指控的犯罪事实，依照本解释第 241 条的规定作出判决、裁定。"由此可见，C 正确，A、B、D 错误。本题答案是 C。

3. **【答案】** ACD

【解析】 按照《刑事诉讼法》第 188 条第 1 款规定："人民法院审判第一审案件应当公开进行。但是有关国家秘密或者个人隐私的案件，不公开审理；涉及商业秘密的案件，当事人申请不公开审理的，可以不公开审理。"本案属于涉及个人隐私的案件，A 正确。根据《高法解释》第 207 条规定："证人出庭作证所支出的交通、住宿、就餐等费用，人民法院应当给予补助。"被害人不适用于此规定，B 错误。按照《高法解释》第 155 条第 2 款规定："犯罪行为造成被害人人身损害的，应当赔偿医疗费、护理费、交通费等为治疗和康复支付的合理费用，以及因误工减少的收入。造成被害人残疾的，还应当赔偿残疾生活辅助具费等费用；造成被害人死亡的，还应当赔偿丧葬费等费用。"由此可见，C 正确。根据《高法解释》第 198 条规定："在审判长主持下，公诉人可以就起诉书指控的犯罪事实讯问被告人。经审判长准许，被害人及其法定代理人、诉讼代理人可以就公诉人讯问的犯罪事实补充发问；附带民事诉讼原告人及其法定代理人、诉讼代理人可以就附带民事部分的事实向被告人发问；被告人的法定代理人、辩护人，附带民事诉讼被告人及其法定代理人、诉讼代理人可以在控诉一方就某一问题讯问完毕后向被告人发问。"由此可见，作为被害人的甲女可以依法就强奸的犯罪事实向乙男发问，D 正确。本题答案是 A、C、D。

4. **【答案】** AB

【解析】 按照《刑事诉讼法》第 187 条第 2 款规定："在开庭以前，审判人员可以召集公诉人、当事人和辩护人、诉讼代理人，对回避、出庭证人名单、非法证据排除等与审判相关的问题，了解情况，听取意见。”由此可见，A正确，C错误，除可以对附带民事诉讼进行调解外，庭前会议不作任何决定。按照《高法解释》第184条规定：“召开庭前会议，被害人或者其法定代理人、近亲属提起附带民事诉讼的，可以调解。”由此可见，B正确。按照《高法解释》第184条第2款规定：“审判人员可以询问控辩双方对证据材料有无异议，对有异议的证据，应当在庭审时重点调查；无异议的，庭审时举证、质证可以简化。”D错误，漏掉了“无异议的”的前提条件。本题答案是A、B。

5. **【答案】** BD

【解析】 按照《高法解释》第183条第2款规定：“召开庭前会议，根据案件情况，可以通知被告人参加。”由此可见，参加庭前会议并非被告人的权利，是否参加由法院决定，A错误。按照《高法解释》第153条第1款规定：“人民法院审理附带民事诉讼案件，可以根据自愿、合法的原则进行调解。经调解达成协议的，应当制作调解书。调解书经双方当事人签收后，即具有法律效力。”由此可见，B正确。按照《高法解释》第99条规定：“开庭审理前，当事人及其辩护人、诉讼代理人申请排除非法证据，人民法院经审查，对证据收集的合法性有疑问的，应当依照刑事诉讼法第一百八十二条第二款的规定召开庭前会议，就非法证据排除等问题了解情况，听取意见。人民检察院可以通过出示有关证据材料等方式，对证据收集的合法性加以说明。”由此可见，法院在庭前会议中只能听取意见，了解情况，对任何实体、程序问题不下结论，C错误。《高法解释》第184条规定：“召开庭前会议，审判人员可以就下列问题向控辩双方了解情况，听取意见。（五）是否对出庭证人、鉴定人、有专门知识的人的名单有异议。”可见，D正确。本题答案是B、D。

6. **【答案】** BC

【解析】 按照最高法院《高法解释》第243条规定：“审判期间，人民法院发现新的事实，可能影响定罪的，可以建议人民检察院补充或者变更起诉；人民检察院不同意或者在七日内未回复意见的，人民法院应当就起诉指控的犯罪事实，依照本解释第二百四十一条的规定作出判决、裁定。”可见，法院不能主动追究遗漏罪行和遗漏被告人，应坚持“不告不理”的审判原则，A错误。按照《高检规则》第460条规定：“在法庭审理过程中，人民法院建议人民检察院补充侦查、补充起诉、追加起诉或者变更起诉的。”《高检规则》第458条规定：“在人民法院宣告判决前，人民检察院发现被告人的真实身份或者犯罪事实与起诉书中叙述的身份或者指控犯罪事实不符的，或者事实、证据没有变化，但罪名、适用法律与起诉书不一致的，可以变更起诉；发现遗漏的同案犯罪嫌疑人或者罪行可以一并起诉和审理的，可以追加、补充起诉。”可见，B、C正确。《高检规则》第459条规定：“在人民法院宣告判决前，人民检察院发现具有下列情形之一的，可以撤回起诉：（一）不存在犯罪事实的；（二）犯罪事实并非被告人所为的；（三）情节显著轻微、危害不大，不认为是犯罪的；（四）证据不足或证据发生变化，不符合起诉条件的；（五）被告人因未达到刑事责任年龄，不负刑事责任的；（六）法律、司法解释发生变化导致不应当追究被告人刑事责任的；（七）其他不应当追究被告人刑事责任的。”由此可见，撤回起诉针对的是“无罪无责”的情形，针对遗漏罪行和被告人，不属于撤回起诉的情形，

D 错误。本题答案是 B、C。

7. 【答案】ABD

【解析】按照《刑事诉讼法》第 198 条规定："法庭审理过程中，对与定罪、量刑有关的事实、证据都应当进行调查、辩论。经审判长许可，公诉人、当事人和辩护人、诉讼代理人可以对证据和案件情况发表意见并且可以互相辩论。"法庭审理过程既包括法庭调查，也包括法庭辩论；这里所规定的当事人既包括被告人，也包括被害人。按照《高法解释》第 229 条规定："法庭辩论应当在审判长的主持下，按照下列顺序进行：(1) 公诉人发言；(2) 被害人及其诉讼代理人发言；(3) 被告人自行辩护；(4) 辩护人辩护；(5) 控辩双方进行辩论。"辩论内容没有根据诉讼主体进行分工，A 错误。根据《高法解释》第 218 条规定："举证方当庭出示证据后，由对方进行辨认并发表意见。控辩双方可以互相质问、辩论。"控辩双方在法庭调查和辩论阶段都有权对证据的合法性、相关性问题进行辩论，B 错误。按照《高法解释》第 228 条规定："合议庭认为案件事实已经调查清楚的，应当由审判长宣布法庭调查结束，开始就定罪、量刑的事实、证据和适用法律等问题进行法庭辩论。"因此，C 正确，不符合题意。法律没有限制控辩双方的辩论时间，D 错误。本题答案是 A、B、D。

8. 【答案】AD

【解析】按照《刑事诉讼法》第 192 条第 2 款规定："人民警察就其执行职务时目击的犯罪情况作为证人出庭作证，适用证人出庭作证的规定。"由此可见，A 正确，B 错误。按照《刑事诉讼法》第 193 条第 1 款规定："经人民法院通知，证人没有正当理由不出庭作证的，人民法院可以强制其到庭，但是被告人的配偶、父母、子女除外。"由此可见，C 错误，忽略了特殊或者例外情形的表述。按照《刑事诉讼法》第 193 条第 2 款规定："证人没有正当理由拒绝出庭或者出庭后拒绝作证的，予以训诫，情节严重的，经院长批准，处以 10 日以下的拘留。"可见，D 正确。本题答案是 A、D。

9. 【答案】D

【解析】根据《高法解释》第 226 条规定："审判期间，合议庭发现被告人可能有自首、坦白、立功等法定量刑情节，而人民检察院移送的案卷中没有相关证据材料的，应当通知人民检察院移送。审判期间，被告人提出新的立功线索的，人民法院可以建议人民检察院补充侦查。"可见，A、B、C 表述均错误，本题答案是 D。

10. 【答案】C

【解析】按照《高法解释》第 183 条第 2 款规定："召开庭前会议，根据案件情况，可以通知被告人参加。"由此可见，参加庭前会议并非被告人或者被告单位诉讼代表人的权利，A 错误。《高法解释》第 280 条第 2 款规定："被告单位的诉讼代表人不出庭的，应当按照下列情形分别处理：(一) 诉讼代表人系被告单位的法定代表人或者主要负责人，无正当理由拒不出庭的，可以拘传其到庭。"由于齐某并非被告单位法定代表人或主要负责人，B 错误。按照《高法解释》第 281 条规定："被告单位的诉讼代表人享有刑事诉讼法规定的有关被告人的诉讼权利。"另外，《刑事诉讼法》第 45 条规定："在审判过程中，被告人可以拒绝辩护人继续为他辩护，也可以另行委托辩护人辩护。"C 正确。《刑事诉讼法》第 198 条第 3 款规定："审判长在宣布辩论终结后，被告人有最后陈述的权利。”D错误。本题答案是C。

11. (1)【答案】B

【解析】按照《高法解释》第279条规定：“被告单位的诉讼代表人，应当是法定代表人或者主要负责人；法定代表人或者主要负责人被指控为单位犯罪直接负责的主管人员或者因客观原因无法出庭的，应当由被告单位委托其他负责人或者职工作为诉讼代表人。但是，有关人员被指控为单位犯罪的其他直接责任人员或者知道案件情况、负有作证义务的除外。”由此可见，B正确，A、C明显错误，D错误在于，漏掉了“单位委托”这个条件，因为李某不是单位主要负责人。本题答案是B。

(2)【答案】ABD

【解析】按照《高法解释》第284条：“被告单位的违法所得及其孳息，尚未被依法追缴或者查封、扣押、冻结的，人民法院应当决定追缴或者查封、扣押、冻结。”由此可见，AB正确。按照《高法解释》第285条规定：“为保证判决的执行，人民法院可以先行查封、扣押、冻结被告单位的财产，或者由被告单位提出担保。”可见，C错误，D正确，C错在“应当”，正确的表述是“可以”。本题答案是A、B、D。

(3)【答案】BC

【解析】按照《高法解释》第286条规定：“审判期间，被告单位被撤销、注销、吊销营业执照或者宣告破产的，对单位犯罪直接负责的主管人员和其他直接责任人员应当继续审理。”由此可见，A错误，B正确。按照《高法解释》第287条规定：“审判期间，被告单位合并、分立的，应当将原单位列为被告单位，并注明合并、分立情况。对被告单位所判处的罚金以其在新单位的财产及收益为限。”可见，C正确，D错误。本题答案是B、C。

12. 【答案】C

【解析】按照《刑事诉讼法》第206条第1款规定：“在审判过程中，有下列情形之一，致使案件在较长时间内无法继续审理的，可以中止审理：(1)被告人患有严重疾病，无法出庭的；(2)被告人脱逃的；(3)自诉人患有严重疾病，无法出庭，未委托诉讼代理人出庭的；(4)由于不能抗拒的原因。”由此可见，C正确，A、B、D错误。本题答案是C。

13. 【答案】A

【解析】按照《最高法解释》第173条第1款规定：“申请上级人民法院批准延长审理期限，应当在期限届满十五日前层报。有权决定的人民法院不同意延长的，应当在审理期限届满五日前作出决定。”由此可见，办理报请批准手续的时间是计入一审案件审理期限，A正确。按照《刑事诉讼法》第208条第1款规定：“人民法院审理公诉案件，应当在受理后二个月以内宣判，至迟不得超过三个月。对于可能判处死刑的案件或者附带民事诉讼的案件，以及有本法第158规定情形之一的，经上一级人民法院批准，可以延长三个月；因特殊情况还需要延长的，报请最高人民法院批准。”由此可见，需要延长审理期限的，应当在法定期限届满前提出申请，办理报请高级法院批准手续的时间应计入在审理期限中，B错误。根据《刑事诉讼法》第208条第3款规定：“人民检察院补充侦查的案件，补充侦查完毕移送人民法院后，人民法院重新计算审理期限。”可见，

C 错误。按照《刑事诉讼法》第 208 条第 2 款规定："人民法院改变管辖的案件，从改变后的人民法院收到案件之日起计算审理期限。"可见，D 错误。本题答案是 A。

第二节 自诉案件的第一审程序

1. **【答案】** BC

【解析】 按照《刑事诉讼法》第 114 条规定："对于自诉案件，被害人有权向人民法院直接起诉。被害人死亡或者丧失行为能力的，被害人的法定代理人、近亲属有权向人民法院起诉。人民法院应当依法受理。"由此可见，A 错误。按照《高法解释》第 266 条第 2 款规定："共同被害人中只有部分人告诉的，人民法院应当通知其他被害人参加诉讼，并告知其不参加诉讼的法律后果。被通知人接到通知后表示不参加诉讼或者不出庭的，视为放弃告诉。第一审宣判后，被通知人就同一事实又提起自诉的，人民法院不予受理。但是，当事人另行提起民事诉讼的，不受本解释限制。"可见，B 正确。按照《刑事诉讼法》第 193 条第 1 款规定："经人民法院通知，证人没有正当理由不出庭作证的，人民法院可以强制其到庭，但是被告人的配偶、父母、子女除外。"由此可见，C 正确。自诉案件只有符合简易程序适用条件的，才可以适用简易程序进行审理，并非"应当"适用简易程序，D 错误。本题答案是 B、C。

2. **【答案】** A

【解析】 抢劫罪属于公安机关立案侦查的案件，没有经过立案、侦查和起诉，法院不得审理，否则，有违"不告不理"的审判原则。法院的正确做法是，继续适用自诉程序审理伤害案件，将新发现的抢劫罪移送给公安机关立案侦查。A 正确，B、C、D 错误。本题答案是 A。

3. **【答案】** B

【解析】 按照《刑事诉讼法》第 212 条规定："人民法院对自诉案件，可以进行调解；自诉人在宣告判决前，可以同被告人自行和解或者撤回自诉。本法第 210 条第三项规定的案件不适用调解。人民法院审理自诉案件的期限，被告人被羁押的，适用本法第二百零八第一款、第二款的规定；未被羁押的，应当在受理后六个月以内宣判。"由此可见，A 错误，B 正确。按照《高法解释》第 334 条规定："第二审期间，自诉案件的当事人提出反诉的，应当告知其另行起诉。"C 错误。按照《高法解释》第 333 条规定："对第二审自诉案件，必要时可以调解，当事人也可以自行和解。调解结案的，应当制作调解书，第一审判决、裁定视为自动撤销。"由此可见，D 错误。本题答案是 B。

4. **【答案】** BD

【解析】 公诉转自诉的案件，不得进行调解，A 错误。根据《刑事诉讼法》第 212 条第 1 款规定："人民法院对自诉案件，可以进行调解；自诉人在宣告判决前，可以同被告人自行和解或者撤回自诉。本法第 210 条第 3 项规定的案件（即公诉转自诉的案件）不适用调解。"可见，B 正确。根据《高法解释》第 271 条第 1 款的规定："调解达成协议的，应当制作刑事调解书，由审判人员和书记员署名，并加盖人民法院印章。调解书经双方当事人签收后，即具有法律效力。"可见，C 错误。《高法解释》第 273 条规定："裁定准许撤诉或者当事人自行和解的自诉案件，被告人被采取强制措施的，人民法院应当立即解除。”由此可见，D正确。本题答案是B、D。

第三节　简易程序

1. 【答案】B

【解析】按照《刑事诉讼法》第214条规定：“基层人民法院管辖的案件，符合下列条件的，可以适用简易程序审判：(一) 案件事实清楚、证据充分的；(二) 被告人承认自己所犯罪行，对指控的犯罪事实没有异议的；(三) 被告人对适用简易程序没有异议的。人民检察院在提起公诉的时候，可以建议人民法院适用简易程序。”为境外非法提供国家秘密为危害国家安全罪，依法属于中院管辖的案件，而简易程序只能由基层法院适用，A错误；检察院建议并非人民法院适用简易程序的条件，另外，不管是抢劫罪还是故意杀人罪，只要案件由基层法院审理，并且符合简易程序适用条件，都可以适用简易程序，B正确；按照《高法解释》第290条第1款第5、6项规定：“具有下列情形之一的，不适用简易程序：(五) 辩护人作无罪辩护的；(六) 被告人认罪但经审查认为可能不构成犯罪的。”由此可见，C、D错误。本题答案是B。

2. 【答案】B

【解析】按照《刑事诉讼法》第121条规定：“讯问聋、哑的犯罪嫌疑人，应当有通晓聋、哑手势的人参加，并且将这种情况记明笔录。”由此可见，A错误。《刑事诉讼法》第35条第2款规定：“犯罪嫌疑人、被告人是盲、聋、哑人，或者是尚未完全丧失辨认或者控制自己行为能力的精神病人，没有委托辩护人的，人民法院、人民检察院和公安机关应当通知法律援助机构指派律师为其提供辩护。”由此可见，B正确。根据《高法解释》第188条第2款规定：“辩护人经通知未到庭，被告人同意的，人民法院可以开庭审理，但被告人属于应当提供法律援助情形的除外。”本题属于应当提供法律援助的情形，C错误。按照《刑事诉讼法》第215条规定：“有下列情形之一的，不适用简易程序：(一) 被告人是盲、聋、哑人，或者是尚未完全丧失辨认或者控制自己行为能力的精神病人的。”由于不能适用简易程序，自然就不能独任审理，D错误。本题答案是B。

3. 【答案】ABD

【解析】按照《刑事诉讼法》第216条第1款规定：“适用简易程序审理案件，对可能判处三年有期徒刑以下刑罚的，可以组成合议庭进行审判，也可以由审判员一人独任审判；对可能判处的有期徒刑超过三年的，应当组成合议庭进行审判。”由此可见，A正确。按照《高法解释》第474条规定：“对未成年人刑事案件，人民法院决定适用简易程序审理的，应当征求未成年被告人及其法定代理人、辩护人的意见。上述人员提出异议的，不适用简易程序。”可见，B正确。按照《高法解释》第290条规定：“具有下列情形之一的，不适用简易程序：(五) 辩护人作无罪辩护的。”因此，C错误。根据《高法解释》第298条规定：“适用简易程序审理案件，在法庭审理过程中，有下列情形之一的，应当转为普通程序审理：(一) 被告人的行为可能不构成犯罪的。”可见，D正确。本题答案是A、B、D。

4. 【答案】D

【解析】按照《高检规则》第465条规定：“人民检察院对于基层人民法院管辖的案件，

符合下列条件的，可以建议人民法院适用简易程序审理。”由此可见，检察院的建议不是法院适用简易程序的必备条件，A错误。按照《刑事诉讼法》第217条规定：“适用简易程序审理案件，审判人员应当询问被告人对指控的犯罪事实的意见，告知被告人适用简易程序审理的法律规定，确认被告人是否同意适用简易程序审理。”由此可见，B错误。按照《高法解释》第295条第1款规定：“适用简易程序审理案件，可以对庭审作如下简化：（四）控辩双方对与定罪量刑有关的事实、证据没有异议的，法庭审理可以直接围绕罪名确定和量刑问题进行。”由此可见，只有在对相关事实和证据没有异议的情况下才可以直接围绕罪名和量刑进行审理，C错误。按照《高法解释》第297条规定：“适用简易程序审理案件，一般应当当庭宣判。”可见，D正确。本题答案是D。

第四节　速裁程序

1. 【答案】BC

【解析】按照《刑事诉讼法》第222条的规定：“基层人民法院管辖的可能判处三年有期徒刑以下刑罚的案件，案件事实清楚，证据确实、充分，被告人认罪认罚并同意适用速裁程序的，可以适用速裁程序，由审判员一人独任审判。人民检察院在提起公诉的时候，可以建议人民法院适用速裁程序。”由此可见，A错误，B正确。按照《刑事诉讼法》223条的规定：“有下列情形之一的，不适用速裁程序：（五）被告人与被害人或者其法定代理人没有就附带民事诉讼赔偿等事项达成调解或者和解协议的。”由此可见，C正确。按照《刑事诉讼法》第225条的规定：“适用速裁程序审理案件，人民法院应当在受理后十日以内审结；对可能判处的有期徒刑超过一年的，可以延长至十五日。”由此可见，D错误，因为判处1年以上的审限可以延长至15日。本题答案是B、C。

2. 【答案】ABD

【解析】按照《刑事诉讼法》第223条的规定：“有下列情形之一的，不适用速裁程序：（一）被告人是盲、聋、哑人，或者是尚未完全丧失辨认或者控制自己行为能力的精神病人的；（二）被告人是未成年人的；（三）案件有重大社会影响的；（四）共同犯罪案件中部分被告人对指控的犯罪事实、罪名、量刑建议或者适用速裁程序有异议的；（五）被告人与被害人或者其法定代理人没有就附带民事诉讼赔偿等事项达成调解或者和解协议的；（六）其他不宜适用速裁程序审理的。”由此可见，A、B明显不得适用，D选项属于危害国家安全罪，由中级人民法院审理，速裁程序只适用于基层法院，所以，D符合题意，不得适用速裁程序。共同犯罪案件只有当“部分被告人对指控的犯罪事实、罪名、量刑建议或者适用速裁程序有异议的”才不得适用速裁程序，C表述绝对化了，不选择。本题答案是A、B、D。

3. 【答案】ABCD

【解析】按照《刑事诉讼法》第224条的规定：“适用速裁程序审理案件，不受本章第一节规定的送达期限的限制，一般不进行法庭调查、法庭辩论，但在判决宣告前应当听取辩护人的意见和被告人的最后陈述意见。适用速裁程序审理案件，应当当庭宣判。”由此可见，A、B、C均正确。按照《刑事诉讼法》第226条的规定：“人民法院在审理过程中，发现有被告人的行为不构成犯罪或者不应当追究其刑事责任、被告人违背意愿认罪认罚、被告人否认指控的犯罪事实或者其他不宜适用速裁程序审理的情形的，应当按照本章第一节或者第三节的规定重新审理。”可见，D 正确。本题答案是 A、B、C、D。

第五节 判决、裁定和决定

1. **【答案】** C

【解析】 按照《高法解释》第 241 条的规定：“对第一审公诉案件，人民法院审理后，应当按照下列情形分别作出判决、裁定：（七）被告人是精神病人，在不能辨认或者不能控制自己行为时造成危害结果，不予刑事处罚的，应当判决宣告被告人不负刑事责任；（八）犯罪已过追诉时效期限且不是必须追诉，或者经特赦令免除刑罚的，应当裁定终止审理；（九）被告人死亡的，应当裁定终止审理；根据已查明的案件事实和认定的证据，能够确认无罪的，应当判决宣告被告人无罪。”由此可见，A、D 错误，C 正确。按照《高法解释》第 274 条第 1 款规定：“自诉人经两次传唤，无正当理由拒不到庭，或者未经法庭准许中途退庭的，人民法院应当裁定按撤诉处理。”由此可见，B 错误。本题答案是 C。

2. **【答案】** CD

【解析】 根据最高人民法院审判委员会通过的《法院刑事诉讼文书样式（样本）》的规定，判决书的事实部分包括：人民检察院指控被告人犯罪的事实和证据、被告人的供述、辩护和辩护人的辩护意见；经法庭审理查明的事实和据以定案的证据。理由部分是判决的灵魂，其核心内容是针对具体案件的特点，运用法律规定、犯罪构成和刑事诉讼理论，阐述控方的指控是否成立，被告人的行为是否构成犯罪，犯什么罪，情节轻重与否，依法应当如何处理。由此可见，A、B 属于判决书的事实部分，C、D 属于判决书的理由部分。本题答案是 C、D。

3. **【答案】** D

【解析】 判决和裁定的区别包括：（1）判决只解决案件的实体问题，而裁定既解决实体问题，也解决程序问题；（2）在一个案件中，发生法律效力并被执行的判决一般只有一个，而发生法律效力的裁定可以有若干个；（3）判决必须用书面形式表现出来，而裁定既可以用书面形式，又可以用口头形式；（4）上诉抗诉期限不同。不服第一审判决的上抗诉期限为 10 日，而不服第一审裁定的上抗诉期限为 5 日。由此可见，A、B、C 错误，D 正确。本题答案是 D。

第十六章　第二审程序

1. 龚某因生产不符合安全标准的食品罪被一审法院判处有期徒刑 5 年，并被禁止在刑罚执行完毕之日起 3 年内从事食品加工行业。龚某以量刑畸重为由上诉，检察院未抗诉。关于本案二审，下列哪一选项是正确的？（　　）（2016－2－38，单选）

A. 应开庭审理

B. 可维持有期徒刑 5 年的判决，并将职业禁止的期限变更为 4 年

C. 如认为原判认定罪名不当，二审法院可在维持原判刑罚不变的情况下改判为生产有害食品罪

D. 发回重审后，如检察院变更起诉罪名为生产有害食品罪，一审法院可改判并加重龚某的刑罚

2. 某法院判决赵某犯诈骗罪处有期徒刑四年，犯盗窃罪处有期徒刑九年，合并执行有期徒刑十一年。赵某提出上诉。中级法院经审理认为，判处刑罚不当，犯诈骗罪应处有期徒刑五年，犯盗窃罪应处有期徒刑八年。根据上诉不加刑原则，下列哪一做法是正确的？（　　）（2010－2－36，单选）

A. 以事实不清、证据不足为由发回原审法院重新审理

B. 直接改判两罪刑罚，分别为五年和八年，合并执行十二年

C. 直接改判两罪刑罚，分别为五年和八年，合并执行仍为十一年

D. 维持一审判决

3. 朱某自诉陈某犯诽谤罪，法院审理后，陈某反诉朱某侮辱罪。法院审查认为，符合反诉条件，合并审理此案，判处陈某有期徒刑一年，判处朱某有期徒刑一年。两人不服，均以对对方量刑过轻、己方量刑过重为由提出上诉。关于二审法院的判决，下列哪些选项是正确的？（　　）（2010－2－77，多选）

A. 如认为对两人量刑均过轻，可同时加重朱某和陈某的刑罚

B. 如认为对某一人的量刑过轻，可加重该人的刑罚

C. 即使认为对两人量刑均过轻，也不得同时加重朱某和陈某的刑罚

D. 如认为一审量刑过轻，只能通过审判监督程序纠正

4. 甲乙丙三人共同实施故意杀人，一审法院判处甲死刑立即执行、乙无期徒刑、丙有期徒刑 10 年。丙以量刑过重为由上诉，甲和乙未上诉，检察院未抗诉。关于本案的第二审程序，下列哪一选项是正确的？（　　）（2014－2－38，单选）

A. 可不开庭审理

B. 认为没有必要的，甲可不再到庭

C. 由于乙没有上诉，其不得另行委托辩护人为其辩护

D. 审理后认为原判事实不清且对丙的量刑过轻，发回一审法院重审，一审法院重审后可加重丙的刑罚

5. 关于检察院办理死刑上诉、抗诉案件的开庭前审查程序，下列哪些说法是正确的？(　　)(2011—2—73，多选)

A. 应当讯问被告人，听取被告人的上诉理由或者辩解

B. 应当听取辩护人的意见

C. 应当询问证人

D. 可以听取被害人的意见

6. 某基层法院就郭某敲诈勒索案一审适用简易程序，判处郭某有期徒刑 4 年。对于一审中的下列哪些情形，二审法院应以程序违法为由，撤销原判发回重审？(　　)(2016—2—73，多选)

A. 未在开庭 10 日前向郭某送达起诉书副本

B. 由一名审判员独任审理

C. 公诉人没有对被告人进行发问

D. 应公开审理但未公开审理

7. 关于发回重审，下列哪一说法是不正确的？(　　)(2011—2—73，单选)

A. 发回重审原则上不能超过二次

B. 在发回重审裁定书中应详细阐明发回重审的理由及法律根据

C. 一审剥夺或者限制了当事人的法定诉讼权利，可能影响公正审判的，应当发回重审

D. 发回重审应当撤销原判

8. 高级法院审理判处死刑缓期执行没有限制减刑的上诉案件，认为原判事实清楚、证据充分，但确有必要限制减刑的，下列处理程序正确的是(　　)(2011—2—93，不定项)

A. 直接改判

B. 发回重新审判

C. 维持原判不再纠正

D. 二审判决、裁定生效后，按照审判监督程序重新审判

9. 鲁某与关某涉嫌贩卖冰毒 500 余克，B 省 A 市中级法院开庭审理后，以鲁某犯贩卖毒品罪，判处死刑立即执行，关某犯贩卖毒品罪，判处死刑缓期二年执行。一审宣判后，关某以量刑过重为由向 B 省高级法院提起上诉，鲁某未上诉，检察院也未提起抗诉。如 B 省高级法院审理后认为，本案事实清楚、证据确实充分，对鲁某的量刑适当，但对关某应判处死刑缓期二年执行同时限制减刑，则对本案正确的做法是？(　　)(2015—2—95，不定项)

A. 二审应开庭审理

B. 由于未提起抗诉，同级检察院可不派员出席法庭

C. 高级法院可将全案发回 A 市中级法院重新审判

D. 高级法院可维持对鲁某的判决，并改判关某死刑缓期二年执行同时限制减刑

参考答案及解析

1. 【答案】C

【解析】按照《高法解释》第 317 条的规定："下列案件，根据刑事诉讼法第二百二十三

条第一款的规定，应当开庭审理：(一) 被告人、自诉人及其法定代理人对第一审认定的事实、证据提出异议，可能影响定罪量刑的上诉案件；(二) 被告人被判处死刑立即执行的上诉案件；(三) 人民检察院抗诉的案件；(四) 应当开庭审理的其他案件。”本案不符合应当开庭审理的条件，A 错误。按照《高法解释》第 325 条规定：“审理被告人或者其法定代理人、辩护人、近亲属提出上诉的案件，不得加重被告人的刑罚，并应当执行下列规定：(二) 原判事实清楚，证据确实、充分，只是认定的罪名不当的，可以改变罪名，但不得加重刑罚；(五) 原判没有宣告禁止令的，不得增加宣告；原判宣告禁止令的，不得增加内容、延长期限。”由此可见，B 错误，C 正确。按照《高法解释》第 327 条规定：“被告人或者其法定代理人、辩护人、近亲属提出上诉的案件，第二审人民法院发回重新审判后，除有新的犯罪事实，人民检察院补充起诉的以外，原审人民法院不得加重被告人的刑罚。”由此可见，D 错误。本题答案是 C。

2. 【答案】D

【解析】按照《高法解释》第 325 条的规定：“审理被告人或者其法定代理人、辩护人、近亲属提出上诉的案件，不得加重被告人的刑罚，并应当执行下列规定：(七) 原判事实清楚，证据确实、充分，但判处的刑罚畸轻、应当适用附加刑而没有适用的，不得直接加重刑罚、适用附加刑，也不得以事实不清、证据不足为由发回第一审人民法院重新审判。必须依法改判的，应当在第二审判决、裁定生效后，依照审判监督程序重新审判。”由此可见，只要事实部分没有问题，二审法院不得发回重审，适用法律错误的，应当直接改判，但是受上诉不加刑原则的限制，不得加重原判刑罚，如果必须加重，也只能是裁定维持原判，等裁定生效后，再按照审判监督程序予以改判重于原判的刑罚，因此，本题答案是 D。

3. 【答案】AB

【解析】按照《刑事诉讼法》第 237 条的规定：“第二审人民法院审理被告人或者他的法定代理人、辩护人、近亲属上诉的案件，不得加重被告人的刑罚。人民检察院提出抗诉或者自诉人提出上诉的，不受前款规定的限制。”本案中朱某和陈某均上诉，可以理解为，不管是在自诉，还是反诉中，相当于原告的自诉人都上诉了，二审法院可不受上诉不加刑原则的限制，直接加重有关当事人的刑罚。因此，A、B 正确，C、D 错误。本题答案是 A、B。

4. 【答案】B

【解析】按照《高法解释》第 317 条第 2 款规定：“被判处死刑立即执行的被告人没有上诉，同案的其他被告人上诉的案件，第二审人民法院应当开庭审理。”由此可见，A 错误。按照《高法解释》第 323 条规定：“(三) 对同案审理案件中未上诉的被告人，未被申请出庭或者人民法院认为没有必要到庭的，可以不再传唤到庭。”由此可见，B 正确。按照《高法解释》第 316 条规定：“第二审期间，被告人除自行辩护外，还可以继续委托第一审辩护人或者另行委托辩护人辩护。共同犯罪案件，只有部分被告人提出上诉，或者自诉人只对部分被告人的判决提出上诉，或者人民检察院只对部分被告人的判决提出抗诉的，其他同案被告人也可以委托辩护人辩护。”由此可见，C 错误。按照《高法解释》第 327 条规定：“被告人或者其法定代理人、辩护人、近亲属提出上诉的案件，第二审人民法院发回重新审判后，除有新的犯罪事实，人民检察院补充起诉的以外，原审人民法院不得加重被告人的刑罚。”D错误。本题答案是B。

5. 【答案】AD

【解析】按照《高检规则》第477条规定：“人民检察院办理死刑上诉、抗诉案件，应当进行下列工作：(1) 讯问原审被告人，听取原审被告人的上诉理由或者辩解；(2) 必要时听取辩护人的意见；(3) 复核主要证据，必要时询问证人；(4) 必要时补充收集证据；(5) 对鉴定意见有疑问的，可以重新鉴定或者补充鉴定；(6) 根据案件情况，可以听取被害人的意见。”由此可见，A、D正确，由于听取辩护人意见和询问证人不是应当的，B、C错误。本题答案是A、D。

6. 【答案】BD

【解析】按照《刑事诉讼法》第219条规定：“适用简易程序审理案件，不受本章第一节关于送达期限、讯问被告人、询问证人、鉴定人、出示证据、法庭辩论程序规定的限制。但在判决宣告前应当听取被告人的最后陈述意见。”刑诉法规定的是在开庭10日前向被告人送达起诉书副本，由此可见，A的做法并不违法，无需发回重审，A错误。按照《刑事诉讼法》第216条第1款规定：“适用简易程序审理案件，对可能判处三年有期徒刑以下刑罚的，可以组成合议庭进行审判，也可以由审判员一人独任审判；对可能判处的有期徒刑超过三年的，应当组成合议庭进行审判。”由于郭某被判处4年有期徒刑，依法应该组成合议庭审理，一人独任审理属于审判组织组成不合法，B符合题意，正确。按照《高法解释》第295条的规定：“适用简易程序审理案件，可以对庭审作如下简化：(二) 公诉人、辩护人、审判人员对被告人的讯问、发问可以简化或者省略。”由此可见，C不违法，但不符合题意；按照《刑事诉讼法》第238条规定：“第二审人民法院发现第一审人民法院的审理有下列违反法律规定的诉讼程序的情形之一的，应当裁定撤销原判，发回原审人民法院重新审判：(一) 违反本法有关公开审判的规定的；(二) 违反回避制度的；(三) 剥夺或者限制了当事人的法定诉讼权利，可能影响公正审判的；(四) 审判组织的组成不合法的；(五) 其他违反法律规定的诉讼程序，可能影响公正审判的。”D程序违法，符合题意。本题答案是B、D。

7. 【答案】A

【解析】按照《高法解释》第328条规定：“原判事实不清、证据不足，第二审人民法院发回重新审判的案件，原审人民法院重新作出判决后，被告人上诉或者人民检察院抗诉的，第二审人民法院应当依法作出判决、裁定，不得再发回重新审判。”由此可见，对“事实不清、证据不足”的案件的发回重审次数不得超过2次，但是违反法定程序发回重审的，没有次数的限制。A表述错误，但符合题意，选择。按照《最高人民法院关于规范上下级人民法院审判业务关系的若干意见》第6条第2款规定：“第二审人民法院作出发回重审裁定时，应当在裁定书中详细阐明发回重审的理由及法律依据。”可见，B表述正确，但不符合题意。按照《刑事诉讼法》第238条第3项规定：“第二审人民法院发现第一审人民法院的审理有剥夺或者限制了当事人的法定诉讼权利，可能影响公正审判的情形的，应当裁定撤销原判，发回原审人民法院重新审判。”C表述正确，但不符合题意。按照《刑事诉讼法》第238条规定：“第二审人民法院发现第一审人民法院的审理有下列违反法律规定的诉讼程序的情形之一的，应当裁定撤销原判，发回原审人民法院重新审判。”由此可知，发回重审应当用裁定的形式撤销原判，D表述正确，不符合题意。本题答案是A。

8. **【答案】** D

【解析】 按照《最高人民法院关于死刑缓期执行限制减刑案件审理程序若干问题的规定》第4条的规定：“高级人民法院审理判处死刑缓期执行没有限制减刑的上诉案件，认为原判事实清楚、证据充分，但应当限制减刑的，不得直接改判，也不得发回重新审判。确有必要限制减刑的，应当在第二审判决、裁定生效后，按照审判监督程序重新审判。”由此可见，A、B、C表述错误，D正确。本题答案是D。

9. **【答案】** A

【解析】 按照《刑事诉讼法》第234条第1款规定：“第二审人民法院对于下列案件，应当组成合议庭，开庭审理：被告人被判处死刑的上诉案件。”结合本案，鲁某被判处死刑，对于共同犯罪案件，只要有被判处死刑的，不管哪个同案犯上诉，二审都应当开庭审理，A正确。按照《刑事诉讼法》第235条规定：“人民检察院提出抗诉的案件或者第二审人民法院开庭审理的公诉案件，同级人民检察院都应当派员出席法庭。”B错误。根据《关于死刑缓期执行限制减刑案件审理程序若干问题的规定》第4条的规定：“高级人民法院审理判处死刑缓期执行没有限制减刑的上诉案件，认为原判事实清楚、证据充分，但应当限制减刑的，不得直接改判，也不得发回重新审判。确有必要限制减刑的，应当在第二审判决、裁定生效后，按照审判监督程序重新审判。”C错误。按照《刑事诉讼法》第237条规定：“第二审人民法院审理被告人或者他的法定代理人、辩护人、近亲属上诉的案件，不得加重被告人的刑罚。”结合本案，B省高级法院认为对关某应判处死刑缓期二年执行同时限制减刑，加重了关某的刑罚，D错误。本题答案是A。

第十七章　死刑复核程序

1. 段某因贩卖毒品罪被市中级法院判处死刑立即执行，段某上诉后省高级法院维持了一审判决。最高法院复核后认为，原判认定事实清楚，但量刑过重，依法不应当判处死刑，不予核准，发回省高级法院重新审判。关于省高级法院重新审判，下列哪一选项是正确的？（　　）（2017—2—36，单选）
   A. 应另行组成合议庭
   B. 应由审判员 5 人组成合议庭
   C. 应开庭审理
   D. 可直接改判死刑缓期 2 年执行，该判决为终审判决
2. 甲和乙因故意杀人被中级法院分别判处死刑立即执行和无期徒刑。甲、乙上诉后，高级法院裁定维持原判。关于本案，下列哪一选项是正确的？（　　）（2016—2—39，单选）
   A. 高级法院裁定维持原判后，对乙的判决即已生效
   B. 高级法院应先复核再报请最高法院核准
   C. 最高法院如认为原判决对乙的犯罪事实未查清，可查清后对乙改判并核准甲的死刑
   D. 最高法院如认为甲的犯罪事实不清、证据不足，不予核准死刑的，只能使用裁定
3. 鲁某与关某涉嫌贩卖冰毒 500 余克，B 省 A 市中级法院开庭审理后，以鲁某犯贩卖毒品罪，判处死刑立即执行，关某犯贩卖毒品罪，判处死刑缓期二年执行。一审宣判后，关某以量刑过重为由向 B 省高级法院提起上诉，鲁某未上诉，检察院也未提起抗诉。如 B 省高级法院审理后认为，一审判决认定事实和适用法律正确、量刑适当，裁定驳回关某的上诉，维持原判，则对本案进行死刑复核的正确程序是？（　　）（2015—2—96，不定项）
   A. 对关某的死刑缓期二年执行判决，B 省高级法院不再另行复核
   B. 最高法院复核鲁某的死刑立即执行判决，应由审判员三人组成合议庭进行
   C. 如鲁某在死刑复核阶段委托律师担任辩护人的，死刑复核合议庭应在办公场所当面听取律师意见
   D. 最高法院裁定不予核准鲁某死刑的，可发回 A 市中级法院或 B 省高级法院重新审理
4. 甲和乙共同实施拐卖妇女、儿童罪，均被判处死刑立即执行。最高法院复核后认为全案判决认定事实正确，甲系主犯应当判处死刑立即执行，但对乙可不立即执行。关于最高法院对此案的处理，下列哪一选项是正确的？（　　）（2014—2—39，单选）
   A. 将乙改判为死缓，并裁定核准甲死刑
   B. 对乙作出改判，并判决核准甲死刑
   C. 对全案裁定不予核准，撤销原判，发回重审
   D. 裁定核准甲死刑，撤销对乙的判决，发回重审
5. 张某因犯故意杀人罪和爆炸罪，一审均被判处死刑立即执行，张某未上诉，检察机关也

未抗诉。最高法院经复核后认为，爆炸罪的死刑判决事实不清、证据不足，但故意杀人罪死刑判决认定事实和适用法律正确、量刑适当。关于此案的处理，下列哪些选项是错误的？（　　）（2013—2—75，多选）

A. 对全案裁定核准死刑

B. 裁定核准故意杀人罪死刑判决，并对爆炸罪死刑判决予以改判

C. 裁定核准故意杀人罪死刑判决，并撤销爆炸罪的死刑判决，发回重审

D. 对全案裁定不予核准，并撤销原判，发回重审

6. 关于死刑复核程序，下列哪一选项是正确的？（　　）（2012—2—33，单选）

A. 最高法院复核死刑案件，可以不讯问被告人

B. 最高法院复核死刑案件，应当听取辩护律师的意见

C. 在复核死刑案件过程中，最高检察院应当向最高法院提出意见

D. 最高法院应当将死刑复核结果通报最高检察院

7. 关于死刑缓期执行限制减刑案件的审理程序，下列哪一说法是正确的？（　　）（2011—2—36，单选）

A. 对一审法院作出的限制减刑的判决，被告人的辩护人、近亲属可以独立提起上诉

B. 高级法院认为原判对被告人判处死刑缓期执行适当但限制减刑不当的，应当改判，撤销限制减刑

C. 最高法院复核死刑案件，认为可以判处死刑缓期执行并限制减刑的，可以裁定不予核准，发回重新审判

D. 最高法院复核死刑案件，认为对部分被告人应当适用死刑缓期执行的，如符合《刑法》限制减刑规定，应当裁定不予核准，发回重新审判

8. 根据有关立法及司法解释的规定，对被判处死刑缓期执行的被告人可以同时决定对其限制减刑，因而涉及相关诉讼程序方面的问题。请回答第92题关于犯罪分子可以适用死刑缓期执行限制减刑的案件，下列选项正确的是（　　）（2011—2—92，不定项）

A. 绑架案件　　B. 抢劫案件

C. 爆炸案件　　D. 有组织的暴力性案件

参考答案及解析

1. **【答案】** D

【解析】 对于死刑案件，最高法院“以量刑过重为由发回重审”，就是间接提醒原审法院将死刑立即执行改为死缓，《高法解释》第355条规定：“最高人民法院裁定不予核准死刑，发回重新审判的案件，原审人民法院应当另行组成合议庭审理，但本解释第三百五十条第四项、第五项规定的案件除外。”这里所说的第四项、第五项就是“（四）复核期间出现新的影响定罪量刑的事实、证据的，应当裁定不予核准，并撤销原判，发回重新审判；（五）原判认定事实正确，但依法不应当判处死刑的，应当裁定不予核准，并撤销原判，发回重新审判。”本案属于（五）的情形，可见，A错误。省高院是二审法院，应当按照第二审程序重新审理，而二审合议庭的人数依法是3人或者5人，也就是说，可以3人，也可以5人，B选项“应当”的说法就是错误的。按照《高法解释》第三百五

十三条的规定，“最高人民法院裁定不予核准死刑的，第二审人民法院重新审判的，可以直接改判；必须通过开庭查清事实、核实证据或者纠正原审程序违法的，应当开庭审理。”而本案属于直接改判的案件，可以书面审理，而不是“应当开庭”，C错误。由于省高院是二审法院，我国的审级制度是两审终审，省高院的判决就是终审判决，另外，死缓的核准由省高院负责，但对于自己判决的死缓，就不存在核准了，D正确。本题答案是D。

2. **【答案】** D

【解析】 高级法院的二审裁定对乙来说即为终审裁定，但需要经过宣告后才开始生效，A错误。根据《刑诉解释》第344条第2项的规定，高级法院在维持一审判决后应当直接报请最高人民法院复核，而不需先行复核，B错误。根据《刑诉解释》第350条和最高人民法院《关于复核死刑案件若干问题的规定》第3条，最高人民法院复核后对于案件事实不清、证据不足的，均应当撤销原判，发回重新审判，最高人民法院死刑复核程序不承担查清事实的功能。而且乙的判决已经生效，事实方面确有错误的应当采用审判监督程序纠正，C错误。最高人民法院经复核后认为事实不清、证据不足而不予核准的，只能使用裁定，D正确。本题答案是D。

3. **【答案】** ABD

【解析】 按照《刑事诉讼法》第233条第1款规定：“第二审人民法院应当就第一审判决认定的事实和适用法律进行全面审查，不受上诉或者抗诉范围的限制。”按照全面审查原则，二审对全案进行审查，B省高级法院裁定同意关某的死刑缓期二年执行判决后，就无需再另行复核，因此，A正确。按照《刑事诉讼法》第249条规定：“最高人民法院复核死刑案件，高级人民法院复核死刑缓期执行的案件，应当由审判员三人组成合议庭进行。”可见，B正确。按照《刑事诉讼法》第251条第1款规定：“最高人民法院复核死刑案件，应当讯问被告人，辩护律师提出要求的，应当听取辩护律师的意见。”可见，C错误。按照《高法解释》第353条第1款规定：“最高人民法院裁定不予核准死刑的，根据案件情况，可以发回第二审人民法院或者第一审人民法院重新审判。”因此，D正确。本题答案是A、B、D。

4. **【答案】** B

【解析】 按照《高法解释》第352条规定：“对有两名以上被告人被判处死刑的案件，最高人民法院复核后，认为其中部分被告人的死刑判决、裁定事实不清、证据不足的，应当对全案裁定不予核准，并撤销原判，发回重新审判；认为其中部分被告人的死刑判决、裁定认定事实正确，但依法不应当判处死刑的，可以改判，并对其他应当判处死刑的被告人作出核准死刑的判决。”由于题干明确了本案判决认定事实正确，甲应当判处死刑立即执行，但乙可不立即执行，最高法院对乙可以改判，并对其他应当判处死刑的被告人作出核准死刑的判决。因此，A、C、D错误，B正确。本题答案是B。

5. **【答案】** ABC

【解析】 按照《高法解释》第351条第1款规定：“对一人有两罪以上被判处死刑的数罪并罚案件，最高人民法院复核后，认为其中部分犯罪的死刑判决、裁定事实不清、证据不足的，应当对全案裁定不予核准，并撤销原判，发回重新审判；认为其中部分犯罪的死刑判决、裁定认定事实正确，但依法不应当判处死刑的，可以改判，并对其他应当判处死刑的犯罪作出核准死刑的判决。”结合本题，A、B、C表述错误，符合题意，选择；D表述正确，不符合题意，不选择。本题答案是A、B、C。

6. 【答案】D

【解析】按照《刑事诉讼法》第251条规定：“最高人民法院复核死刑案件，应当讯问被告人，辩护律师提出要求的，应当听取辩护律师的意见。在复核死刑案件过程中，最高人民检察院可以向最高人民法院提出意见。最高人民法院应当将死刑复核结果通报最高人民检察院。”由此可见，A错误，不是“可以”讯问被告人，而是“应当讯问”被告人。最高法院复核死刑案件时，辩护律师提出要求的，才应当听取辩护律师的意见，B错误。在复核死刑案件过程中，最高检察院是“可以”向最高法院提出意见，而不是“应当”，C错误。按照上述法条的规定，D正确。本题答案是D。

7. 【答案】B

【解析】按照《最高人民法院关于死刑缓期执行限制减刑案件审理程序若干问题的规定》第2条规定：“被告人对第一审人民法院作出的限制减刑判决不服的，可以提出上诉。被告人的辩护人和近亲属，经被告人同意，也可以提出上诉。”由此可见，A错误。该规定第3条规定：“高级人民法院审理或者复核判处死刑缓期执行并限制减刑的案件，认为原判对被告人判处死刑缓期执行适当，但判决限制减刑不当的，应当改判，撤销限制减刑。”可见，B正确。该规定第6条第1款规定：“最高人民法院复核死刑案件，认为对被告人可以判处死刑缓期执行并限制减刑的，应当裁定不予核准，并撤销原判，发回重新审判。”可见，C错误。该规定第6条第2款规定：“一案中2名以上被告人被判处死刑，最高人民法院复核后，对其中部分被告人改判死刑缓期执行的，如果符合《刑法》第50条第2款的规定，可以同时决定对其限制减刑。”由此可见，D错误。本题答案是B。

8. 【答案】ABCD

【解析】按照《最高人民法院关于死刑缓期执行限制减刑案件审理程序若干问题的规定》第1条规定：“对被判处死刑缓期执行的累犯以及因故意杀人、强奸、抢劫、绑架、放火、爆炸、投放危险物质或者有组织的暴力性犯罪被判处死刑缓期执行的犯罪分子，人民法院根据犯罪情节、人身危险性等情况，可以在作出裁判的同时决定对其限制减刑。”由此可见，本题是A、B、C、D。

第十八章　审判监督程序

1. 王某因间谍罪被甲省乙市中级法院一审判处死刑，缓期 2 年执行。王某没有上诉，检察院没有抗诉。判决生效后，发现有新的证据证明原判决认定的事实确有错误。下列哪些机关有权对本案提起审判监督程序？（　　）（2017－2－75，多选）

A. 乙市中级法院　　B. 甲省高级法院

C. 甲省检察院　　D. 最高检察院

2. 关于审判监督程序中的申诉，下列哪一选项是正确的？（　　）（2015 年卷二 39 题，单选）

A. 二审法院裁定准许撤回上诉的案件，申诉人对一审判决提出的申诉，应由一审法院审理

B. 上一级法院对未经终审法院审理的申诉，应直接审理

C. 对经两级法院依照审判监督程序复查均驳回的申诉，法院不再受理

D. 对死刑案件的申诉，可由原核准的法院审查，也可交由原审法院审查

3. 关于审判监督程序，下列哪些选项是正确的？（　　）（2014－2－75，多选）

A. 只有当事人及其法定代理人、近亲属才能对已经发生法律效力的裁判提出申诉

B. 原审法院依照审判监督程序重新审判的案件，应当另行组成合议庭

C. 对于依照审判监督程序重新审判后可能改判无罪的案件，可中止原判决、裁定的执行

D. 上级法院指令下级法院再审的，一般应当指令原审法院以外的下级法院审理

4. 关于审判监督程序，下列哪一选项是正确的？（　　）（2012－2－34，单选）

A. 对于原判决事实不清楚或者证据不足的，应当指令下级法院再审

B. 上级法院指令下级法院再审的，应当指令原审法院以外的下级法院审理；由原审法院审理更为适宜的，也可以指令原审法院审理

C. 不论是否属于由检察院提起抗诉的再审案件，逮捕由检察院决定

D. 法院按照审判监督程序审判的案件，应当决定中止原判决、裁定的执行

5.《最高人民法院关于适用〈中华人民共和国刑事诉讼法〉的解释》第 386 条规定，除检察院抗诉的以外，再审一般不得加重原审被告人的刑罚。关于这一规定的理解，下列哪些选项是正确的？（　　）（2016－2－74，多选）

A. 体现了刑事诉讼惩罚犯罪和保障人权基本理念的平衡

B. 体现了刑事诉讼具有追求实体真实与维护正当程序两方面的目的

C. 再审不加刑有例外，上诉不加刑也有例外

D. 审判监督程序的纠错功能决定了再审不加刑存在例外情形

6. 法院就被告人“钱某”盗窃案作出一审判决，判决生效后检察院发现“钱某”并不姓钱，于是在确认其真实身份后向法院提出其冒用他人身份，但该案认定事实和适用法律正确。关于法院对此案的处理，下列哪一选项是正确的？（　　）（2013－2－40，单选）

A. 可以建议检察院提出抗诉，通过审判监督程序加以改判

B. 可以自行启动审判监督程序加以改判

C. 可以撤销原判并建议检察机关重新起诉

D. 可以用裁定对判决书加以更正

7. 邢某因涉嫌强奸罪被判处有期徒刑。刑罚执行期间，邢某父母找到证人金某，证明案发时邢某正与金某在外开会，邢某父母提出申诉。法院对该案启动再审。关于原判决的执行，下列哪一说法是正确的？（　　）（模拟题）

A. 继续执行原判决

B. 可以由再审法院裁定中止执行原判决

C. 可以由再审法院决定中止执行原判决

D. 报省级法院决定中止原判决

参考答案及解析

1. **【答案】** BD

【解析】 按照《刑事诉讼法》第 254 条规定："各级人民法院院长对本院已经发生法律效力的判决和裁定，如果发现在认定事实上或者在适用法律上确有错误，必须提交审判委员会处理。最高人民法院对各级人民法院已经发生法律效力的判决和裁定，上级人民法院对下级人民法院已经发生法律效力的判决和裁定，如果发现确有错误，有权提审或者指令下级人民法院再审。最高人民检察院对各级人民法院已经发生法律效力的判决和裁定，上级人民检察院对下级人民法院已经发生法律效力的判决和裁定，如果发现确有错误，有权按照审判监督程序向同级人民法院提出抗诉。"另外，《刑事诉讼法》第 248 条规定："中级人民法院判处死刑缓期二年执行的案件，由高级人民法院核准。"死缓判决由高级人民法院核准才能生效，本案的终审法院是省高院。由此可见，A、C 表述错误，B、D 表述正确，本题答案是 B、D。

2. **【答案】** D

【解析】 按照《高法解释》第 373 条第 1 款规定："申诉由终审人民法院审查处理。但是，第二审人民法院裁定准许撤回上诉的案件，申诉人对第一审判决提出申诉的，可以由第一审人民法院审查处理。"由此可见，A 错误。根据《高法解释》第 373 条第 2 款、第 3 款规定："上一级人民法院对未经终审人民法院审查处理的申诉，可以告知申诉人向终审人民法院提出申诉，或者直接交终审人民法院审查处理，并告知申诉人；案件疑难、复杂、重大的，也可以直接审查处理；对未经终审人民法院及其上一级人民法院审查处理，直接向上级人民法院申诉的，上级人民法院可以告知申诉人向下级人民法院提出。"由此可见，B 错误。按照《最高人民法院关于规范人民法院再审立案的若干意见（试行）》第 15 条规定："上级人民法院对经终审法院的上一级人民法院依照审判监督程序审理后维持原判或者经两级人民法院依照审判监督程序复查均驳回的申请再审或申诉案件，一般不予受理。但再审申请人或申诉人提出新的理由，且符合《中华人民共和国刑事诉讼法》第 204 条、《中华人民共和国民事诉讼法》第 179 条、《中华人民共和国行政诉讼法》第 62 条及本规定第七、八、九条规定条件的，以及刑事案件的原审被告人可能被宣告无罪的除外。"由此可见，C 错误。按照《高法解释》第 374 条规定："死刑案件的申诉，可以由原核准的人民法院直接审查处理，也可以交由原审人民法院审查。”由此可见，D正确。本题答案是D。

3. 【答案】BCD

【解析】按照《高法解释》第371条规定：“当事人及其法定代理人、近亲属对已经发生法律效力的判决、裁定提出申诉的，人民法院应当审查处理。案外人认为已经发生法律效力的判决、裁定侵害其合法权益，提出申诉的，人民法院应当审查处理。”由此可见，A错误，因为案外人也可以提出申诉。按照《高法解释》第384条第1款规定：“原审人民法院审理依照审判监督程序重新审判的案件，应当另行组成合议庭。”由此可见，B正确。按照《刑事诉讼法》第257条第2款规定：“人民法院按照审判监督程序审判的案件，可以决定中止原判决、裁定的执行。”由此可见，C正确。按照《高法解释》第379条第2款规定：“上级人民法院指令下级人民法院再审的，一般应当指令原审人民法院以外的下级人民法院审理；由原审人民法院审理更有利于查明案件事实、纠正裁判错误的，可以指令原审人民法院审理。”可见，D正确。本题答案是B、C、D。

4. 【答案】B

【解析】按照《刑事诉讼法》第254条第2款规定：“最高人民法院对各级人民法院已经发生法律效力的判决和裁定，上级人民法院对下级人民法院已经发生法律效力的判决和裁定，如果发现确有错误，有权提审或者指令下级人民法院再审。”同时，《刑事诉讼法》第254条第4款规定：“人民检察院抗诉的案件，接受抗诉的人民法院应当组成合议庭重新审理，对于原判决事实不清楚或者证据不足的，可以指令下级人民法院再审。”因此，A错误，错在“应当”表述过于武断上。按照《刑事诉讼法》第255条规定：“上级人民法院指令下级人民法院再审的，应当指令原审人民法院以外的下级人民法院审理；由原审人民法院审理更为适宜的，也可以指令原审人民法院审理。”因此，B正确。按照《刑事诉讼法》第257条规定：“人民法院决定再审的案件，需要对被告人采取强制措施的，由人民法院依法决定；人民检察院提出抗诉的再审案件，需要对被告人采取强制措施的，由人民检察院依法决定。人民法院按照审判监督程序审判的案件，可以决定中止原判决、裁定的执行。”由此可见，C、D错误。本题答案是B。

5. 【答案】ABD

【解析】再审原则上不加刑，但允许在检察院抗诉的情况下加刑，这种制度设计本身就是追求惩罚犯罪和保障人权的平衡，也体现了实体真实和程序正当兼顾的诉讼目的，因此，A、B正确。上诉不加刑原则上没有任何例外情形，目的在于消除被告人上诉的顾虑，最大化保护被告人的诉讼权利，而再审程序不完全是为了保障被告人的权利而设计的，其制度设计为了体现“实事求是、有错必纠”的司法政策，既然有错，就有可能是有罪判无罪，重罪轻判的可能，所以，再审规定了可以加重刑罚的例外规定，C错误，D正确。本题答案是A、B、D。

6. 【答案】D

【解析】按照《高法解释》第390条规定：“原判决、裁定认定被告人姓名等身份信息有误，但认定事实和适用法律正确、量刑适当的，作出生效判决、裁定的人民法院可以通过裁定对有关信息予以更正。”由此可见，A、B、C错误，D正确。本题答案是D。

7. 【答案】C

【解析】按照《刑事诉讼法》第257条第2款规定："人民法院按照审判监督程序审判的案件，可以决定中止原判决、裁定的执行。"另外，按照《高法解释》第382条规定："对决定依照审判监督程序重新审判的案件，除人民检察院抗诉的以外，人民法院应当制作再审决定书。再审期间不停止原判决、裁定的执行，但被告人可能经再审改判无罪，或者可能经再审减轻原判刑罚而致刑期届满的，可以决定中止原判决、裁定的执行，必要时，可以对被告人采取取保候审、监视居住措施。"结合题干，邢某的父母找到证人金某证明案发时邢某与金某在外地出差，说明邢某有可能被改判无罪，再审法院可以决定中止原判决的执行，因此，A、B、D均错误，C正确。B错在"裁定"停止执行上，而应当是"决定"停止执行。本题答案是C。

第十九章　执行程序

第一节　执行概述

关于生效裁判执行，下列哪一做法是正确的？（　　）（2016－2－40，单选）

A. 甲被判处管制 1 年，由公安机关执行

B. 乙被判处有期徒刑 1 年宣告缓刑 2 年，由社区矫正机构执行

C. 丙被判处有期徒刑 1 年 6 个月，在被交付执行前，剩余刑期 5 个月，由看守所代为执行

D. 丁被判处 10 年有期徒刑并处没收财产，没收财产部分由公安机关执行

第二节　各种判决、裁定的执行程序

1. 法院对黄某盗窃罪判处刑罚后，对于下列哪些盗赃应当予以追缴？（　　）（模拟题）

A. 价值 100 万的卖给古玩店 10 万的古董

B. 一万元的东西赠予女友

C. 6000 元电脑在二手市场以市场价卖出

D. 4 万还赌债

2. 甲纠集他人多次在市中心寻衅滋事，造成路人乙轻伤、丙的临街商铺严重受损。甲被起诉到法院后，乙和丙提起附带民事诉讼。法院判处甲有期徒刑 6 年，罚金 1 万元，赔偿乙医疗费 1 万元，赔偿丙财产损失 4 万元。判决生效交付执行后，查明甲除 1 辆汽车外无其他财产，且甲曾以该汽车抵押获取小额贷款，尚欠银行贷款 2.5 万元，银行主张优先受偿。法院以 8 万元的价格拍卖了甲的汽车。关于此 8 万元的执行顺序，下列哪一选项是正确的？（　　）（2017－2－37，单选）

A. 医疗费→银行贷款→财产损失→罚金

B. 医疗费→财产损失→银行贷款→罚金

C. 银行贷款→医疗费→财产损失→罚金

D. 医疗费→财产损失→罚金→银行贷款

3. 关于监狱在刑事诉讼中的职权，下列哪一选项是正确的？（　　）（2016－2－23，单选）

A. 监狱监管人员指使被监管人体罚虐待其他被监管人的犯罪，由监狱进行侦查

B. 罪犯在监狱内犯罪并被发现判决时所没有发现的罪行，应由监狱一并侦查

C. 被判处有期徒刑罪犯的暂予监外执行均应当由监狱提出书面意见，报省级以上监狱管理部门批准

D. 被判处有期徒刑罪犯的减刑应当由监狱提出建议书，并报法院审核裁定

4. 关于刑事裁判涉财产部分执行，下列哪一说法是正确的？（　　）（2015－2－40，单选）

A. 对侦查机关查封、冻结、扣押的财产，法院执行时可直接裁定处置，无需侦查机关出

具解除手续

B. 法院续行查封、冻结、扣押的顺位无需与侦查机关的顺位相同

C. 刑事裁判涉财产部分的裁判内容应明确具体，涉案财产和被害人均应在判决书主文中详细列明

D. 刑事裁判涉财产部分，应由与一审法院同级的财产所在地的法院执行

5. 关于有期徒刑缓刑、拘役缓刑的执行，下列哪些选项是正确的？（　　）（2014－2－74 多选）

A. 对宣告缓刑的罪犯，法院应当核实其居住地

B. 法院应当向罪犯及原所在单位或居住地群众宣布犯罪事实、期限及应遵守的规定

C. 罪犯在缓刑考验期内犯新罪应当撤销缓刑的，由原审法院作出裁定

D. 法院撤销缓刑的裁定，一经作出立即生效

6. 赵某因绑架罪被甲省A市中级法院判处死刑缓期两年执行，后交付甲省B市监狱执行。死刑缓期执行期间，赵某脱逃至乙省C市实施抢劫被抓获，C市中级法院一审以抢劫罪判处无期徒刑。赵某不服判决，向乙省高级法院上诉。乙省高级法院二审维持一审判决。此案最终经最高法院核准死刑立即执行。关于执行赵某死刑的法院，下列哪一选项是正确的？（　　）（2013－2－24，单选）

A. A市中级法院　　B. B市中级法院

C. C市中级法院　　D. 乙省高级法院

7. 李某、阮某持某外国护照，涉嫌贩卖毒品罪被检察机关起诉至某市中级法院。如李某、阮某被判处刑罚同时附加判处罚金，下列说法正确的是（　　）。（2011－2－96，不定项）

A. 李某、阮某在判决确定期限内未足额缴纳的，法院应当在期满后强制缴纳

B. 李某、阮某未全部缴纳罚金的，在其后发现有可供执行财产，法院可以追缴

C. 李某、阮某在判处罚金之前所负正当债务应偿还的，经债权人提出请求，先行予以偿还

D. 法院发现李某、阮某有可供执行的财产需要查封、扣押、冻结的，可以采取查封、扣押、冻结措施

8. 被告人王某故意杀人案经某市中级法院审理，认为案件事实清楚，证据确实、充分。请根据下列条件，回答下列问题。（2010－2－96～97，不定项）

（1）如王某被判处无期徒刑，附加剥夺政治权利，下列选项正确的是（　　）。

A. 无期徒刑的执行机关是监狱

B. 剥夺政治权利的执行机关是公安机关

C. 对王某应当剥夺政治权利终身

D. 如王某减刑为有期徒刑，剥夺政治权利的期限应改为十五年

（2）如王某被并处没收个人财产，关于本案财产刑的执行及赔偿、债务偿还，下列说法正确的是（　　）。

A. 财产刑由公安机关执行

B. 王某应先履行对提起附带民事诉讼的被害人的民事赔偿责任

C. 案外人对执行标的物提出异议的，法院应当裁定中止执行

D. 王某在案发前所负所有债务，经债权人请求先行予以偿还

第三节　执行的变更程序

1. 甲因为抢劫犯罪被判 12 年有期徒刑，服刑 4 年后因为确有悔改表现，被决定减刑。关于减刑，下列说法错误的是：（　　）（模拟题）

A. 人民陪审员可以参与案件的审理

B. 对甲可以书面审理

C. 庭审中可以要求证人出庭就甲具有悔罪表现作证

D. 应当通知甲的辩护人出庭

2. 张某居住于甲市 A 区，曾任甲市 B 区某局局长，因受贿罪被 B 区法院判处有期徒刑 5 年，执行期间突发严重疾病而被决定暂予监外执行。张某在监外执行期间违反规定，被决定收监执行。关于本案，下列哪一选项是正确的？（　　）（2017－2－38，单选）

A. 暂予监外执行由 A 区法院决定

B. 暂予监外执行由 B 区法院决定

C. 暂予监外执行期间由 A 区司法行政机关实行社区矫正

D. 收监执行由 B 区法院决定

3. 关于减刑、假释案件审理程序，下列哪一选项是正确的？（　　）（2015－2－41，单选）

A. 甲因抢劫罪和绑架罪被法院决定执行有期徒刑 20 年，对甲的减刑，应由其服刑地高级法院作出裁定

B. 乙因检举他人重大犯罪活动被报请减刑的，法院应通知乙参加减刑庭审

C. 丙因受贿罪被判处有期徒刑 5 年，对丙的假释，可书面审理，但必须提讯丙

D. 丁因强奸罪被判处无期徒刑，对丁的减刑，可聘请律师到庭发表意见

第四节　人民检察院对执行的监督

钱某涉嫌纵火罪被提起公诉，在法庭审理过程中被诊断患严重疾病，法院判处其有期徒刑 8 年，同时决定予以监外执行。下列哪一选项是错误的？（　　）（2014－2－26，单选）

A. 决定监外执行时应当将暂予监外执行决定抄送检察院

B. 钱某监外执行期间，应当对其实行社区矫正

C. 如钱某拒不报告行踪、脱离监管，应当予以收监

D. 如法院作出收监决定，钱某不服，可向上一级法院申请复议

参考答案及解析

第一节　执行概述

【答案】 B

【解析】 按照《刑事诉讼法》第 269 条的规定：“对被判处管制、宣告缓刑、假释或者暂

予监外执行的罪犯，依法实行社区矫正，由社区矫正机构负责执行。”由此可见，A 错误，B 正确。按照《刑事诉讼法》第 264 条第 2 款的规定：“对被判处死刑缓期二年执行、无期徒刑、有期徒刑的罪犯，由公安机关依法将该罪犯送交监狱执行刑罚。对被判处有期徒刑的罪犯，在被交付执行刑罚前，剩余刑期在三个月以下的，由看守所代为执行。对被判处拘役的罪犯，由公安机关执行。”由此可见，C 错误。根据《刑事诉讼法》第 272 条的规定：“没收财产的判决，无论附加适用或者独立适用，都由人民法院执行；在必要的时候，可以会同公安机关执行。”由此可见，D 错误。本题答案是 B。

第二节　各种判决、裁定的执行程序

1. **【答案】** ABD

【解析】 按照《最高人民法院关于刑事裁判涉财产部分执行的若干规定》（以下简称《财产执行若干问题》）第 11 条的规定：“被执行人将刑事裁判认定为赃款赃物的涉案财物用于清偿债务、转让或者设置其他权利负担，具有下列情形之一的，人民法院应予追缴：（一）第三人明知是涉案财物而接受的；（二）第三人无偿或者以明显低于市场的价格取得涉案财物的；（三）第三人通过非法债务清偿或者违法犯罪活动取得涉案财物的；（四）第三人通过其他恶意方式取得涉案财物的。第三人善意取得涉案财物的，执行程序中不予追缴。作为原所有人的被害人对该涉案财物主张权利的，人民法院应当告知其通过诉讼程序处理。”由此可见，A、B、D 均应当予以追缴。C 属于善意取得，不予追缴。本题答案是 A、B、D。

2. **【答案】** A

【解析】 按照《财产执行若干问题》第 13 条规定：“被执行人在执行中同时承担刑事责任、民事责任，其财产不足以支付的，按照下列顺序执行：（一）人身损害赔偿中的医疗费用；（二）退赔被害人的损失；（三）其他民事债务；（四）罚金；（五）没收财产。债权人对执行标的依法享有优先受偿权，其主张优先受偿的，人民法院应当在前款第（一）项规定的医疗费用受偿后，予以支持。”由此可见，A 正确，B、C、D 均错误。本题答案是 A。

3. **【答案】** D

【解析】 按照《刑事诉讼法》第 19 条第 2 款的规定：“人民检察院在对诉讼活动实行法律监督中发现的司法工作人员利用职权实施的非法拘禁、刑讯逼供、非法搜查等侵犯公民权利、损害司法公正的犯罪，可以由人民检察院立案侦查。对于公安机关管辖的国家机关工作人员利用职权实施的重大犯罪案件，需要由人民检察院直接受理的时候，经省级以上人民检察院决定，可以由人民检察院立案侦查。”由此可见，A 错误。按照《刑事诉讼法》第 273 条第 1 款规定：“罪犯在服刑期间又犯罪的，或者发现了判决的时候所没有发现的罪行，由执行机关移送人民检察院处理。”由此可见，B 错误。按照《刑事诉讼法》第 265 条第 5 款的规定：“在交付执行前，暂予监外执行由交付执行的人民法院决定；在交付执行后，暂予监外执行由监狱或者看守所提出书面意见，报省级以上监狱管理机关或者设区的市一级以上公安机关批准。”如果被判处有期徒刑且剩余刑期在 3 个月以上，暂予监外执行由监狱提出书面意见，报省级以上监狱管理机关批准；如果被判处有期徒刑且剩余刑期在3个月以下，暂予监外执行由看守所提出，设区的市一级以上公安机关批准。因此，C错误。按照《刑事诉讼法》第273条第2款规定："被判处管制、拘役、有期徒刑或者无期徒刑的罪犯，在执行期间确有悔改或者立功表现，应当依法予以减刑、假释的时候，由执行机关提出建议书，报请人民法院审核裁定，并将建议书副本抄送人民检察院。人民检察院可以向人民法院提出书面意见。"由此可见，D正确。本题答案是D。

4. 【答案】A

【解析】按照《财产执行若干问题》第5条第2款规定："对侦查机关查封、扣押、冻结的财产，人民法院执行中可以直接裁定处置，无需侦查机关出具解除手续，但裁定中应当指明侦查机关查封、扣押、冻结的事实。"由此可见，A正确。按照《财产执行若干规定》第5条第1款的规定："人民法院续行查封、扣押、冻结的顺位与侦查机关查封、扣押、冻结的顺位相同。"因此，B错误。按照《财产执行若干规定》第6条规定："刑事裁判涉财产部分的裁判内容，应当明确、具体。涉案财物或者被害人人数较多，不宜在判决主文中详细列明的，可以概括叙明并另附清单。"因此，C错误。按照《财产执行若干规定》第2条规定："刑事裁判涉财产部分，由第一审人民法院执行。第一审人民法院可以委托财产所在地的同级人民法院执行。"由此可见，D错误。本题答案是A。

5. 【答案】AD

【解析】按照《高法解释》第436条规定："对被判处管制、宣告缓刑的罪犯，人民法院应当核实其居住地。"可见，A正确。对于缓刑犯由社区矫正机构执行，因此，向罪犯及原所在单位或居住地群众宣布犯罪事实、期限及应遵守的规定，不应当由法院来宣布，B错误。按照《高法解释》第457条规定："罪犯在缓刑、假释考验期限内犯新罪或者被发现在判决宣告前还有其他罪没有判决，应当撤销缓刑、假释的，由审判新罪的人民法院撤销原判决、裁定宣告的缓刑、假释，并书面通知原审人民法院和执行机关。"由此可见，C错误。按照《高法解释》第458条的规定："罪犯在缓刑、假释考验期限内，有下列情形之一的，原作出缓刑、假释判决、裁定的人民法院应当在收到执行机关的撤销缓刑、假释建议书后1个月内，作出撤销缓刑、假释的裁定：人民法院撤销缓刑、假释的裁定，一经作出，立即生效。"由此可见，D正确。本题答案是A、D。

6. 【答案】B

【解析】按照《高法解释》第417条第2款的规定："在死刑缓期执行期间故意犯罪，最高人民法院核准执行死刑的，由罪犯服刑地的中级人民法院执行。"由此可见，B正确，A、C、D均错误。本题答案是B。

7. 【答案】AC

【解析】按照《高法解释》第439条规定："罚金在判决规定的期限内一次或者分期缴纳。期满无故不缴纳或者未足额缴纳的，人民法院应当强制缴纳。经强制缴纳仍不能全部缴纳的，在任何时候，包括主刑执行完毕后，发现被执行人有可供执行的财产的，应当追缴。"因此，A正确，B、D错误。按照《高法解释》第441条规定："被判处财产刑，同时又承担附带民事赔偿责任的被执行人，应当先履行民事赔偿责任。判处财产刑之前被执行人所负正当债务，需要以被执行的财产偿还的，经债权人请求，应当偿还。"因此，

C正确。本题答案是A、C。

8. (1)【答案】ABC

【解析】按照《刑事诉讼法》第264条第2款规定:“对于被判处死刑缓期2年执行、无期徒刑、有期徒刑的罪犯,由公安机关依法将该罪犯送交监狱执行刑罚。”由此可见,A正确。根据《刑事诉讼法》第270条规定:“对于被判处剥夺政治权利的罪犯,由公安机关执行。”可见,B正确。根据《刑法》第57条第1款规定:“对于被判处死刑、无期徒刑的犯罪分子,应当剥夺政治权利终身。”可见,C正确。根据《刑法》第57条第2款的规定:“在死刑缓期执行减为有期徒刑或者无期徒刑减为有期徒刑的时候,应当把附加剥夺政治权利的期限改为3年以上10年以下。”由此可见,D错误。本题答案是A、B、C。

(2)【答案】BC

【解析】根据《刑事诉讼法》第272条规定:“没收财产的判决,无论附加适用或者独立适用,都由人民法院执行;在必要的时候,可以会同公安机关执行。”由此可见,A错误。按照《高法解释》第441条规定:“被判处财产刑,同时又承担附带民事赔偿责任的被执行人,应当先履行民事赔偿责任。判处财产刑之前被执行人所负正当债务,需要以被执行的财产偿还的,经债权人请求,应当偿还。”可见,B正确。根据《高法解释》第443条第1款规定:“执行财产刑过程中,具有下列情形之一的,人民法院应当裁定中止执行:案外人对执行标的提出异议的。”可见,C正确。根据《高法解释》第441条第2款规定:“判处财产刑之前被执行人所负正当债务,需要以被执行的财产偿还的,经债权人请求,应当偿还。”可见,D错误,没有强调“正当债务”。本题答案是B、C。

第三节 执行的变更程序

1. 【答案】AC

【解析】根据《最高人民法院关于减刑、假释案件审理程序的规定》(以下简称《规定》)第4条规定:“人民法院审理减刑、假释案件,应当依法由审判员或者由审判员和人民陪审员组成合议庭进行。”由此可见,A正确。该《规定》第6条规定:“人民法院审理减刑、假释案件,可以采取开庭审理或者书面审理的方式。但下列减刑、假释案件,应当开庭审理:报请减刑的起始时间、间隔时间或者减刑幅度不符合司法解释一般规定的。”结合题干,甲服刑还不到一半的期限,如果对其减刑,应当开庭审理,B错误。根据该《规定》第7条第2款的规定:“人民法院根据需要,可以通知证明罪犯确有悔改表现或者立功、重大立功表现的证人,公示期间提出不同意见的人,以及鉴定人、翻译人员等其他人员参加庭审。”由此可见,C正确。审理减刑案件不是解决被告有罪指控问题,无需辩护,D错误。本题答案是A、C。

2. 【答案】C

【解析】按照《刑事诉讼法》第265条第5款规定:“在交付执行前,暂予监外执行由交付执行的人民法院决定;在交付执行后,暂予监外执行由监狱或者看守所提出书面意见,报省级以上监狱管理机关或者设区的市一级以上公安机关批准。”由此可见,A、B错误。按照《刑事诉讼法》第269条规定:“对被判处管制、宣告缓刑、假释或者暂予监外执行的罪犯，依法实行社区矫正，由社区矫正机构负责执行。”因此，C正确。按照《高法解释》第433条规定：“暂予监外执行的罪犯具有下列情形之一的，原作出暂予监外执行决定的人民法院，应当在收到执行机关的收监执行建议书后十五日内，作出收监执行的决定。”由于本题作出暂予监外执行决定的并非为人民法院，因此，D错误。本题答案是C。

3. **【答案】** B

【解析】 按照《最高人民法院关于减刑、假释案件审理程序的规定》第1条规定：“对被判处有期徒刑和被减为有期徒刑的罪犯的减刑、假释，由罪犯服刑地的中级人民法院在收到执行机关提出的减刑、假释建议书后一个月内作出裁定，案情复杂或者情况特殊的，可以延长一个月。”由此可见，A错误。按照《最高人民法院关于减刑、假释案件审理程序的规定》第7条规定：“人民法院开庭审理减刑、假释案件，应当通知人民检察院、执行机关及被报请减刑、假释罪犯参加庭审。”因此，B正确，由于审理减刑假释案件无需辩护，因此，D错误。《最高人民法院关于减刑、假释案件审理程序的规定》第6条规定：“人民法院审理减刑、假释案件，可以采取开庭审理或者书面审理的方式。但下列减刑、假释案件，应当开庭审理：被报请减刑、假释罪犯系职务犯罪罪犯。”丙受贿罪属于职务犯罪，因此，C错误。本题答案是B。

第四节　人民检察院对执行的监督

【答案】 D

【解析】 按照《高法解释》第432条规定：“人民法院决定暂予监外执行的，应当制作暂予监外执行决定书，写明罪犯基本情况、判决确定的罪名和刑罚等，并将暂予监外执行决定书抄送罪犯居住地的县级人民检察院和公安机关。”可见，A表述正确，但不符合题意。按照《刑事诉讼法》第269条规定：“对被判处管制、宣告缓刑、假释或者暂予监外执行的罪犯，依法实行社区矫正，由社区矫正机构负责执行。”因此，B表述是正确，但不符合题意。按照《高法解释》第433条规定：“暂予监外执行的罪犯具有下列情形之一的，原作出暂予监外执行决定的人民法院，应当在收到执行机关的收监执行建议书后15日内，作出收监执行的决定：未经批准离开所居住的市、县，经警告拒不改正，或者拒不报告行踪，脱离监管的。人民法院的收监执行决定书，一经作出，立即生效。”由此可见，C正确，D错误。本题答案是D。

第二十章　未成年人刑事案件诉讼程序

1. 未成年人小姜涉嫌寻衅滋事，被移送审查起诉的第 2 天，小姜年满 18 周岁，1 个月后检察院决定对小姜适用附条件不起诉并监督考察 6 个月，在监督考察期间，小姜因实施新的犯罪被撤销附条件不起诉的决定并被提起公诉，关于本案处理，下列哪些选项是正确的？（　　）（模拟题）
   A. 本案应由少年法庭审理
   B. 本案如适用简易程序审理，应征得小姜法定代理人的同意
   C. 本案审理和宣判应公开进行，但不得组织人员旁听
   D. 因审查起诉时小姜已年满 18 周岁，检察院对其适用附条件不起诉违反法律规定
2. 《刑事诉讼法》规定，审判的时候被告人不满 18 周岁的案件，不公开审理。但是，经未成年被告人及其法定代理人同意，未成年被告人所在学校和未成年人保护组织可以派代表到场。关于该规定的理解，下列哪些说法是错误的？（　　）（2012—2—73，多选）
   A. 该规定意味着经未成年被告人及其法定代理人同意，可以公开审理
   B. 未成年被告人所在学校和未成年人保护组织派代表到场是公开审理的特殊形式
   C. 未成年被告人所在学校和未成年人保护组织经同意派代表到场是为了维护未成年被告人合法权益和对其进行教育
   D. 未成年被告人所在学校和未成年人保护组织经同意派代表到场与审判的时候被告人不满 18 周岁的案件不公开审理并不矛盾
3. 律师邹某受法律援助机构指派，担任未成年人陈某的辩护人。关于邹某的权利，下列哪些说法是正确的？（　　）（2015—2—73，多选）
   A. 可调查陈某的成长经历、犯罪原因、监护教育等情况，并提交给法院
   B. 可反对法院对该案适用简易程序，法院因此只能采用普通程序审理
   C. 可在陈某最后陈述后进行补充陈述
   D. 可在有罪判决宣告后，受法庭邀请参与对陈某的法庭教育
4. 甲、乙系初三学生，因涉嫌抢劫同学丙（三人均不满 16 周岁）被立案侦查。关于该案诉讼程序，下列哪些选项是正确的？（　　）（2015—2—75，多选）
   A. 审查批捕讯问时，甲拒绝为其提供的合适成年人到场，应另行通知其他合适成年人到场
   B. 讯问乙时，因乙的法定代理人无法到场而通知其伯父到场，其伯父可代行乙的控告权
   C. 法庭审理询问丙时，应通知丙的法定代理人到场
   D. 如该案适用简易程序审理，甲的法定代理人不能到场时可不再通知其他合适成年人到场
5. 赵某因涉嫌抢劫犯罪被抓获，作案时未满 18 周岁，案件起诉到法院时已年满 18 周岁。下列哪一说法是正确的？（　　）（2011—2—33，单选）
   A. 本案由少年法庭审理

B. 对赵某不公开审理

C. 对赵某进行审判，可以通知其法定代理人到场

D. 对赵某进行审判，应当通知其监护人到场

6. 未成年人小周涉嫌故意伤害被取保候审，A县检察院审查起诉后决定对其适用附条件不起诉，监督考察期限为6个月。关于本案处理，下列哪一选项是正确的？（　　）（2017—2—39，单选）

A. 作出附条件不起诉决定后，应释放小周

B. 本案审查起诉期限自作出附条件不起诉决定之日起中止

C. 监督考察期间，如小周经批准迁居B县继续上学，改由B县检察院负责监督考察

D. 监督考察期间，如小周严格遵守各项规定，表现优异，可将考察期限缩短为5个月

7. 未成年人小天因涉嫌盗窃被检察院适用附条件不起诉。关于附条件不起诉可以附带的条件，下列哪些选项是正确的？（　　）（2016—2—75，多选）

A. 完成一个疗程四次的心理辅导

B. 每周参加一次公益劳动

C. 每个月向检察官报告日常花销和交友情况

D. 不得离开所居住的县

8. 黄某（17周岁，某汽车修理店职工）与吴某（16周岁，高中学生）在餐馆就餐时因琐事与赵某（16周岁，高中学生）发生争吵，并殴打赵某致其轻伤。检察院审查后，综合案件情况，拟对黄某作出附条件不起诉决定，对吴某作出不起诉决定。请回答第（1）～（3）题。（2014—2—94～96，不定项）

（1）关于本案审查起诉的程序，下列选项正确的是（　　）

A. 应当对黄某、吴某的成长经历、犯罪原因和监护教育等情况进行社会调查

B. 在讯问黄某、吴某和询问赵某时，应当分别通知他们的法定代理人到场

C. 应当分别听取黄某、吴某的辩护人的意见

D. 拟对黄某作出附条件不起诉决定，应当听取赵某及其法定代理人与诉讼代理人的意见

（2）关于对黄某的考验期，下列选项正确的是（　　）

A. 从宣告附条件不起诉决定之日起计算

B. 不计入检察院审查起诉的期限

C. 可根据黄某在考验期间的表现，在法定范围内适当缩短或延长

D. 如黄某违反规定被撤销附条件不起诉决定而提起公诉，已经过的考验期可折抵刑期

（3）关于本案的办理，下列选项正确的是（　　）

A. 在对黄某作出附条件不起诉决定、对吴某作出不起诉决定时，必须达成刑事和解

B. 检察院对黄某作出附条件不起诉决定、对吴某作出不起诉决定时，可要求他们向赵某赔礼道歉、赔偿损失

C. 在附条件不起诉考验期内，检察院可将黄某移交有关机构监督考察

D. 检察院对黄某作出附条件不起诉决定，对吴某作出不起诉决定后，均应将相关材料装订成册，予以封存

9. 检察机关对未成年人童某涉嫌犯罪的案件进行审查后决定附条件不起诉。在考验期间，

下列哪些情况下可以对童某撤销不起诉的决定、
提起公诉？（　　）（2013—2—72，多选）
A. 根据新的证据确认童某更改过年龄，在实施涉嫌犯罪行为时已满十八周岁的
B. 发现决定附条件不起诉以前还有其他犯罪需要追诉的
C. 违反考察机关有关附条件不起诉的监管规定，情节严重的
D. 违反治安管理规定，情节严重的

10. 关于附条件不起诉，下列哪一说法是错误的？（　　）（2012—2—36，单选）
A. 只适用于未成年人案件
B. 应当征得公安机关、被害人的同意
C. 未成年犯罪嫌疑人及其法定代理人对附条件不起诉有异议的应当起诉
D. 有悔罪表现时，才可以附条件不起诉

参考答案及解析

1. 【答案】A
【解析】按照《高法解释》第463条规定："下列案件由少年法庭审理：被告人实施被指控的犯罪时不满十八周岁、人民法院立案时不满二十周岁的案件。"结合题干，法院立案受理时，小姜肯定不满20周岁，A正确。按照《高法解释》第474条规定："对未成年人刑事案件，人民法院决定适用简易程序审理的，应当征求未成年被告人及其法定代理人、辩护人的意见。"由于本案开庭审理时，小姜已经年满18周岁，不存在法定代理人一说，因为法定代理人的帮助对象是未满18周岁的未成年人，B错误。按照《高法解释》第467条第2款规定："对依法公开审理，但可能需要封存犯罪记录的案件，不得组织人员旁听。"而题干并未说明小姜可能满足判处5年以下有期徒刑或者免于刑事处罚等需要犯罪记录封存的条件，C错误。根据《人民检察院办理未成年人刑事案件的规定》第29条规定："对于犯罪时已满十四周岁不满十八周岁的未成年人，同时符合下列条件的，人民检察院可以作出附条件不起诉决定。"由此可见，检察院能否适用附条件不起诉的时间起算点不是决定适用时，而是犯罪时不满18周岁，D错误。本题答案是A。

2. 【答案】AB
【解析】按照《刑事诉讼法》第285条规定："审判的时候被告人不满十八周岁的案件，不公开审理。但是，经未成年被告人及其法定代理人同意，未成年被告人所在学校和未成年人保护组织可以派代表到场。"合适成年人以及依法派代表到场的目的是为来维护未成年被告人的合法权益，更好的对其进行教育，这种做法既不是公开审理案件，也不违背不公开审理制度。因此，A、B表述错误，符合题意，C、D表述正确，但不符合题意。本题答案是A、B。

3. 【答案】ABD
【解析】按照《高法解释》第476条规定："对人民检察院移送的关于未成年被告人性格特点、家庭情况、社会交往、成长经历、犯罪原因、犯罪前后的表现、监护教育等情况的调查报告，以及辩护人提交的反映未成年被告人上述情况的书面材料，法庭应当接受。"可见，A正确。按照《高法解释》第474条规定："对未成年人刑事案件，人民法

院决定适用简易程序审理的，应当征求未成年被告人及其法定代理人、辩护人的意见。上述人员提出异议的，不适用简易程序。”可见，B正确。按照《高法解释》第486条规定：“未成年被告人最后陈述后，法庭应当询问其法定代理人是否补充陈述。”补充陈述只能由法定代理人进行，因此，C错误。按照《高法解释》第466条第2款规定：“到场的其他人员，除依法行使刑事诉讼法第270条第二款规定的权利外，经法庭同意，可以参与对未成年被告人的法庭教育等工作。”可见，D正确。本题答案是A、B、D。

4. **【答案】** AC

【解析】 按照《高法解释》第466条规定：“人民法院审理未成年人刑事案件，在讯问和开庭时，应当通知未成年被告人的法定代理人到场。适用简易程序审理未成年人刑事案件，适用前两款的规定。”由此可见，A、C正确，D错误。按照《刑事诉讼法》第14条第2款规定：“诉讼参与人对于审判人员、检察人员和侦查人员侵犯公民诉讼权利和人身侮辱的行为，有权提出控告。”乙的伯父不是乙的法定代理人，无权代行乙的控告权，因此，B错误。本题答案是A、C。

5. **【答案】** A

【解析】 按照《高法解释》第463条第1款规定：“下列案件由少年法庭审理：（一）被告人实施被指控的犯罪时不满十八周岁、人民法院立案时不满二十周岁的案件；（二）被告人实施被指控的犯罪时不满十八周岁、人民法院立案时不满二十周岁，并被指控为首要分子或者主犯的共同犯罪案件。”赵某在作案时未满18周岁，在诉讼活动正常进行的情况下，从立案到审查起诉，再到审判，诉讼周期不可能超过2年，赵某在审判时不可能超过20周岁，因此，A正确。按照《刑事诉讼法》第285规定，审判的时候被告人不满18周岁的案件，不公开审理。本题中，开庭时赵某已满18周岁，应当公开审理，B错误。由于赵某已满18周岁，根本不存在法定代理人或监护人，因此，C、D错误。本题答案是A。

6. **【答案】** B

【解析】 根据题干，小周没有被羁押，不存在释放一说，A错误。附条件不起诉的考验期是不计入审查起诉期间的，即一旦对未成年犯罪嫌疑人决定无条件不起诉，审查期间中止计算，可见，B正确。按照《人民检察院办理未成年人刑事案件的规定》第44条规定：“未成年犯罪嫌疑人经批准离开所居住的市、县或者迁居，作出附条件不起诉决定的人民检察院可以要求迁入地的人民检察院协助进行考察，并将考察结果函告作出附条件不起诉决定的人民检察院。”由此可见，C错误。按照《刑事诉讼法》第283条第2款规定：“附条件不起诉的考验期为六个月以上一年以下，从人民检察院作出附条件不起诉的决定之日起计算。”另外，根据《人民检察院办理未成年人刑事案件的规定》第40条第2款规定：“考验期的长短应当与未成年犯罪嫌疑人所犯罪行的轻重、主观恶性的大小和人身危险性的大小、一贯表现及帮教条件等相适应，根据未成年犯罪嫌疑人在考验期的表现，可以在法定期限范围内适当缩短或者延长。”缩短为5个月违反了法定期限范围，因此，D错误。本题答案是B。

7. **【答案】** ABC

【解析】 按照《高检规则》第497条规定：“被附条件不起诉的未成年犯罪嫌疑人，应当遵守下列规定：（一）遵守法律法规，服从监督；（二）按照考察机关的规定报告自己的活动情况；（三）离开所居住的市、县或者迁居，应当报经考察机关批准；（四）按照考察机关的要求接受矫治和教育。”按照《高检规则》第498条规定：“人民检察院可以要求被附条件不起诉的未成年犯罪嫌疑人接受下列矫治和教育：（一）完成戒瘾治疗、心理辅导或者其他适当的处遇措施；（二）向社区或者公益团体提供公益劳动；（三）不得进入特定场所，与特定的人员会见或者通信，从事特定的活动；（四）向被害人赔偿损失、赔礼道歉等；（五）接受相关教育；（六）遵守其他保护被害人安全以及预防再犯的禁止性规定。”由此可见，A、B、C正确。本题答案是A、B、C。

8. **【答案】** BCD

【解析】 按照《人民检察院办理未成年人刑事案件的规定》第9条规定：“人民检察院根据情况可以对未成年犯罪嫌疑人的成长经历、犯罪原因、监护教育等情况进行调查，并制作社会调查报告，作为办案和教育的参考。”由此可见，A错误，是“可以”而非“应当”。该规定第17条第4款规定：“讯问未成年犯罪嫌疑人，应当通知其法定代理人到场，告知法定代理人依法享有的诉讼权利和应当履行的义务。”因此，B正确。按照《刑事诉讼法》第280条规定：“对未成年犯罪嫌疑人、被告人应当严格限制适用逮捕措施。人民检察院审查批准逮捕和人民法院决定逮捕，应当讯问未成年犯罪嫌疑人、被告人，听取辩护律师的意见。”可见，C正确。按照《人民检察院办理未成年人刑事案件的规定》第30条规定：“人民检察院在作出附条件不起诉的决定以前，应当听取公安机关、被害人、未成年犯罪嫌疑人的法定代理人、辩护人的意见，并制作笔录附卷。被害人是未成年人的，还应当听取被害人的法定代理人、诉讼代理人的意见。”因此，D正确。本题答案是B、C、D。

（2）**【答案】** BC

【解析】 按照《人民检察院办理未成年人刑事案件的规定》第40条规定：“人民检察院决定附条件不起诉的，应当确定考验期。考验期为6个月以上1年以下，从人民检察院作出附条件不起诉的决定之日起计算。”可见，A错误，错在“宣告”之日起计算。考验期不计入案件审查起诉期限，因此，B正确。考验期的长短应当与未成年犯罪嫌疑人所犯罪行的轻重、主观恶性的大小和人身危险性的大小、一贯表现及帮教条件等相适应，根据未成年犯罪嫌疑人在考验期的表现，可以在法定期限范围内适当缩短或者延长，因此，C正确。由于附条件考验期并未对犯罪嫌疑人人身进行羁押，不存在折抵刑期的问题，D错误。本题答案是B、C。

（3）**【答案】** B

【解析】 按照《刑事诉讼法》第282条规定：“对于未成年人涉嫌刑法分则第四章、第五章、第六章规定的犯罪，可能判处一年有期徒刑以下刑罚，符合起诉条件，但有悔罪表现的，人民检察院可以作出附条件不起诉的决定。”刑事和解不是附条件不起诉的条件，A错误。按照《人民检察院办理未成年人刑事案件的规定》第27条规定：“对于未成年人实施的轻伤害案件、初次犯罪、过失犯罪、犯罪未遂的案件以及被诱骗或者被教唆实施的犯罪案件等，情节轻微，犯罪嫌疑人确有悔罪表现，当事人双方自愿就民事赔偿达成协议并切实履行或者经被害人同意并提供有效担保，符合《刑法》第37条规定的，人民检察院可以依照刑事诉讼法第177条第2款的规定作出不起诉决定，并可以根据案件的不同情况，予以训诫或者责令具结悔过、赔礼道歉、赔偿损失，或者由主管部门予以行政处罚。”由此可见，B正确。按照《人民检察院办理未成年人刑事案件的规定》第43条规定：“在附条件不起诉的考验期内，人民检察院应当对被附条件不起诉的未成年犯罪嫌疑人进行监督考察。未成年犯罪嫌疑人的监护人应当对未成年犯罪嫌疑人加强管教，配合人民检察院做好监督考察工作。”因此，C错误。按照《人民检察院办理未成年人刑事案件的规定》第66条规定：“人民检察院对未成年犯罪嫌疑人作出不起诉决定后，应当对相关记录予以封存。具体程序参照本规定第62条至第65条规定办理。”附条件不起诉不存在犯罪记录封存问题，D错误。本题答案是B。

9.【答案】ABCD

【解析】附条件不起诉的年龄条件是犯罪时不满18周岁，童某并不符合附条件不起诉的条件，因此，A正确。按照《刑事诉讼法》第284条规定：“被附条件不起诉的未成年犯罪嫌疑人，在考验期内有下列情形之一的，人民检察院应当撤销附条件不起诉的决定，提起公诉：（一）实施新的犯罪或者发现决定附条件不起诉以前还有其他犯罪需要追诉的；（二）违反治安管理规定或者考察机关有关附条件不起诉的监督管理规定，情节严重的。被附条件不起诉的未成年犯罪嫌疑人，在考验期内没有上述情形，考验期满的，人民检察院应当作出不起诉的决定。”由此可见，B、C、D均正确。本题答案是A、B、C、D。

10.【答案】B

【解析】按照《刑事诉讼法》第282条第1款规定：“对于未成年人涉嫌《刑法》分则第4章、第5章、第6章规定的犯罪，可能判处1年有期徒刑以下刑罚，符合起诉条件，但有悔罪表现的，人民检察院可以作出附条件不起诉的决定。人民检察院在作出附条件不起诉的决定以前，应当听取公安机关、被害人的意见。”因此，A、C、D表述正确，但不符合题意。人民检察院在作出附条件不起诉的决定以前，对公安机关、被害人只是“应当听取”，而非征得同意，因此，B表述错误，符合题意。本题答案是B。

第二十一章 当事人和解的公诉案件诉讼程序

1. 幼儿园老师经常针扎不听话的甲，甲的好朋友乙回家告诉自己的妈妈，甲被老师针扎了。乙妈打电话报警后案发。以下选项正确的是：(模拟题)

A. 甲的妈妈可以在审判阶段代为与扎针的老师和解

B. 乙的妈妈的行为属于报案

C. 乙的妈妈的行为属于举报

D. 如果侦查机关组织辨认，不能让小孩进行辨认

2. 董某（17 岁）在某景点旅游时，点燃荒草不慎引起大火烧毁集体所有的大风公司林地，致大风公司损失 5 万元，被检察院提起公诉。关于本案处理，下列哪一选项是正确的？(　　)(2017—2—40，单选)

A. 如大风公司未提起附带民事诉讼，检察院可代为提起，并将大风公司列为附带民事诉讼原告人

B. 董某与大风公司既可就是否对董某免除刑事处分达成和解，也可就民事赔偿达成和解

C. 双方刑事和解时可约定由董某在 1 年内补栽树苗 200 棵

D. 如双方达成刑事和解，检察院经法院同意可撤回起诉并对董某适用附条件不起诉

3. 下列哪一案件可以适用当事人和解的公诉案件诉讼程序？(　　)(2016—2—41，单选)

A. 甲因侵占罪被免除处罚 2 年后，又涉嫌故意伤害致人轻伤

B. 乙涉嫌寻衅滋事，在押期间由其父亲代为和解，被害人表示同意

C. 丙涉嫌过失致人重伤，被害人系限制行为能力人，被害人父亲愿意代为和解

D. 丁涉嫌破坏计算机信息系统，被害人表示愿意和解

4. 甲因琐事与乙发生口角进而厮打，推搡之间，不慎致乙死亡。检察院以甲涉嫌过失致人死亡提起公诉，乙母丙向法院提起附带民事诉讼。关于本案处理，下列哪些选项是正确的？(2015—2—75，多选)

A. 法院可对附带民事部分进行调解

B. 如甲与丙经法院调解达成协议，调解协议中约定的赔偿损失内容可分期履行

C. 如甲提出申请，法院可组织甲与丙协商以达成和解

D. 如甲与丙达成刑事和解，其约定的赔偿损失内容可分期履行

5. 甲因邻里纠纷失手致乙死亡，甲被批准逮捕。案件起诉后，双方拟通过协商达成和解。对于此案的和解，下列哪一选项是正确的？(　　)(2014—2—40，单选)

A. 由于甲在押，其近亲属可自行与被害方进行和解

B. 由于乙已经死亡，可由其近亲属代为和解

C. 甲的辩护人和乙近亲属的诉讼代理人可参与和解协商

D. 由于甲在押，和解协议中约定的赔礼道歉可由其近亲属代为履行

6. 李某因琐事将邻居王某打成轻伤。案发后，李家积极赔偿，赔礼道歉，得到王家谅解。

如检察院根据双方和解对李某作出不起诉决定，需要同时具备下列哪些条件？（ ）（2013－2－71，多选）

A. 双方和解具有自愿性、合法性

B. 李某实施伤害的犯罪情节轻微，不需要判处刑罚

C. 李某五年以内未曾故意犯罪

D. 公安机关向检察院提出从宽处理的建议

7. 对于适用当事人和解的公诉案件诉讼程序而达成和解协议的案件，下列哪一做法是错误的？（ ）（2012－2－37，单选）

A. 公安机关可以撤销案件

B. 检察院可以向法院提出从宽处罚的建议

C. 对于犯罪情节轻微，不需要判处刑罚的，检察院可以不起诉

D. 法院可以依法对被告人从宽处罚

8. 关于可以适用当事人和解的公诉案件诉讼程序的案件范围，下列哪些选项是正确的？（ ）（2012－2－75，多选）

A. 交通肇事罪

B. 暴力干涉婚姻自由罪

C. 过失致人死亡罪

D. 刑讯逼供罪

参考答案及解析

1. 【答案】C

【解析】根据《高法解释》第288条的规定，双方当事人可以刑事和解的公诉案件的范围是：“（一）因民间纠纷引起，涉嫌刑法分则第四章、第五章规定的犯罪案件，可能判处三年有期徒刑以下刑罚的；（二）除渎职犯罪以外的可能判处七年有期徒刑以下刑罚的过失犯罪案件。”题干的故意伤害并非因民间纠纷引起的，不符合刑事和解的案件范围条件，A错误。报案是知事不知人；举报是知事知人，但事不关己。因此，B错误，C正确。按照《公安部规定》第249条规定：“为了查明案情，在必要的时候，侦查人员可以让被害人、证人或者犯罪嫌疑人对与犯罪有关的物品、文件、尸体、场所或者犯罪嫌疑人进行辨认。”因此，辨认的主体是犯罪嫌疑人、被害人和证人，小孩子不论是被害人还是证人，可以作为辨认主体，D错误。本题答案是C。

2. 【答案】C

【解析】按照《刑事诉讼法》第101条规定：“被害人由于被告人的犯罪行为而遭受物质损失的，在刑事诉讼过程中，有权提起附带民事诉讼。被害人死亡或者丧失行为能力的，被害人的法定代理人、近亲属有权提起附带民事诉讼。如果是国家财产、集体财产遭受损失的，人民检察院在提起公诉的时候，可以提起附带民事诉讼。”同时，按照《高法解释》第142条规定：“国家财产、集体财产遭受损失，受损失的单位未提起附带民事诉讼，人民检察院在提起公诉时提起附带民事诉讼的，人民法院应当受理。人民检察院提起附带民事诉讼的，应当列为附带民事诉讼原告人。”由此可见，A错误。按照《刑事诉讼法》第288条第1款规定：“下列公诉案件，犯罪嫌疑人、被告人真诚悔罪，通过向被害人赔偿损失、赔礼道歉等方式获得被害人谅解，被害人自愿和解的，双方当事人可以

和解。”由此可见，公诉案件的和解协议针对的只是赔偿损失、赔礼道歉等内容，B错误，C正确。按照《刑事诉讼法》第290条规定：“对于达成和解协议的案件，公安机关可以向人民检察院提出从宽处理的建议。人民检察院可以向人民法院提出从宽处罚的建议；对于犯罪情节轻微，不需要判处刑罚的，可以作出不起诉的决定。人民法院可以依法对被告人从宽处罚。”可见，D错误。本题答案是C。

3. 【答案】C

【解析】按照《刑事诉讼法》第288条规定：“下列公诉案件，犯罪嫌疑人、被告人真诚悔罪，通过向被害人赔偿损失、赔礼道歉等方式获得被害人谅解，被害人自愿和解的，双方当事人可以和解：（一）因民间纠纷引起，涉嫌刑法分则第四章、第五章规定的犯罪案件，可能判处三年有期徒刑以下刑罚的；（二）除渎职犯罪以外的可能判处七年有期徒刑以下刑罚的过失犯罪案件。犯罪嫌疑人、被告人在五年以内曾经故意犯罪的，不适用本章规定的程序。”由此可见，A因为5年内曾经故意犯罪，不得刑事和解。B因为寻衅滋事罪是刑法分则第六章妨害社会管理秩序罪规定的犯罪，不属于可以和解的案件范围。破坏计算机信息系统罪不属于可以和解的案件范围，D错误。按照《高法解释》第497条规定：“符合刑事诉讼法第二百七十七条规定的公诉案件，被害人死亡的，其近亲属可以与被告人和解。近亲属有多人的，达成和解协议，应当经处于同一继承顺序的所有近亲属同意。被害人系无行为能力或者限制行为能力人的，其法定代理人、近亲属可以代为和解。”由此可见，C正确。本题答案是C。

4. 【答案】ABC

【解析】按照《刑事诉讼法》第103条规定：“人民法院审理附带民事诉讼案件，可以进行调解，或者根据物质损失情况作出判决、裁定。”由此可见，A正确。按照《高法解释》第153条规定：“人民法院审理附带民事诉讼案件，可以根据自愿、合法的原则进行调解。经调解达成协议的，应当制作调解书。调解书经双方当事人签收后，即具有法律效力。调解达成协议并即时履行完毕的，可以不制作调解书，但应当制作笔录，经双方当事人、审判人员、书记员签名或者盖章后即发生法律效力。”对于调解达成的协议履行，法律并未要求立即履行完毕，B正确。按照《高法解释》第496条规定：“对符合刑事诉讼法第二百七十七条规定的公诉案件，事实清楚、证据充分的，人民法院应当告知当事人可以自行和解；当事人提出申请的，人民法院可以主持双方当事人协商以达成和解。”由此可见，C正确。按照《高检规则》第517条规定：“和解协议约定的赔偿损失内容，应当在双方签署协议后立即履行的，至迟在人民检察院作出从宽处理决定前履行。确实难以一次性履行的，在被害人同意并提供有效担保的情况下，也可以分期履行。”D选项漏掉了分期履行的条件，即被害人同意并提供有效担保，因此，D错误。本题答案是A、B、C。

5. 【答案】C

【解析】按照《高法解释》第497条第1款规定：“符合刑事诉讼法第277条规定的公诉案件，被害人死亡的，其近亲属可以与被告人和解。近亲属有多人的，达成和解协议，应当经处于同一继承顺序的所有近亲属同意。”《高法解释》第498条规定：“被告人的近亲属经被告人同意，可以代为和解。被告人系限制行为能力人的，其法定代理人可以代为和解。被告人的法定代理人、近亲属依照前两款规定代为和解的，和解协议约定的赔礼道歉等事项，应当由被告人本人履行。”由此可见，A错误，错在“自行”。B错在“代为”，而是以自己的名义与加害方直接和解。和解协议约定的赔礼道歉等事项，应由被告人本人履行，D错误。第《高法解释》496条第2款规定：“根据案件情况，人民法院可以邀请人民调解员、辩护人、诉讼代理人、当事人亲友等参与促成双方当事人和解。”可见，C正确。本题答案是C。

6. 【答案】ABC

【解析】按照《高检规则》第510条规定：“下列公诉案件，双方当事人可以和解：（一）因民间纠纷引起，涉嫌刑法分则第四章、第五章规定的犯罪案件，可能判处三年有期徒刑以下刑罚的；（二）除渎职犯罪以外的可能判处七年有期徒刑以下刑罚的过失犯罪案件。上述公诉案件应当同时符合下列条件：（一）犯罪嫌疑人真诚悔罪，向被害人赔偿损失、赔礼道歉等；（二）被害人明确表示对犯罪嫌疑人予以谅解；（三）双方当事人自愿和解，符合有关法律规定；（四）属于侵害特定被害人的故意犯罪或者有直接被害人的过失犯罪；（五）案件事实清楚，证据确实、充分。犯罪嫌疑人在五年以内曾经故意犯罪的，不适用本节规定的程序。”由此可见，AC正确。按照《高检规则》第520条规定：“人民检察院对于公安机关移送审查起诉的案件，双方当事人达成和解协议的，可以作为是否需要判处刑罚或者免除刑罚的因素予以考虑，符合法律规定的不起诉条件的，可以决定不起诉。”由此可见，单纯的刑事和解并非就可以不起诉，还必须符合不起诉的法定条件（例如，具有刑法中规定的可以不予刑罚处罚的法定情形），因此，B正确。按照《高检规则》第521条规定：“人民检察院拟对当事人达成和解的公诉案件作出不起诉决定的，应当听取双方当事人对和解的意见，并且查明犯罪嫌疑人是否已经切实履行和解协议、不能即时履行的是否已经提供有效担保，将其作为是否决定不起诉的因素予以考虑。”由此可见，公安机关是否向检察院提出从宽处理的建议，并非检察院决定不起诉的条件，D错误。本题答案是A、B、C。

7. 【答案】A

【解析】按照《刑事诉讼法》第290条规定：“对于达成和解协议的案件，公安机关可以向人民检察院提出从宽处理的建议。人民检察院可以向人民法院提出从宽处罚的建议；对于犯罪情节轻微，不需要判处刑罚的，可以作出不起诉的决定。人民法院可以依法对被告人从宽处罚。”由此可见，A错误，法律没有规定可以撤销案件的从宽处理方式，符合题意；B、C、D表述正确，但不符合题意。本题答案是A。

8. 【答案】AC

【解析】按照《刑事诉讼法》第288条第1款规定：“下列公诉案件，犯罪嫌疑人、被告人真诚悔罪，通过向被害人赔偿损失、赔礼道歉等方式获得被害人谅解，被害人自愿和解的，双方当事人可以和解：(1)因民间纠纷引起，涉嫌刑法分则第四章、第五章规定的犯罪案件，可能判处3年有期徒刑以下刑罚的；(2)除渎职犯罪以外的可能判处7年有期徒刑以下刑罚的过失犯罪案件。”本题中的交通肇事罪、过失致人死亡罪属于可能判处7年有期徒刑以下刑罚的过失犯罪，暴力干涉婚姻自由案件，除明确其属于《刑法》第257条第2款规定的致人死亡情形以外，属于告诉才处理的案件，双方当事人可以和解，但不适用当事人和解的公诉案件诉讼程序。由此可见，AC正确。刑讯逼供罪属于职务犯罪，不得进行刑事和解。因此，本题答案是A、C。

第二十二章　缺席审判程序

1. 家住甲市的唐某在乙市担任副市长期间，因受贿被追究刑事责任，在检察院审查起诉期间，唐某逃往境外，检察院依法向法院提起公诉。法院经审查，认为案件符合缺席审判的条件。关于本案，下列说法正确的是？（　　）（模拟题）

   A. 检察院应当派员出席法庭支持公诉

   B. 案件应当由乙市的中级人民法院审理

   C. 由于唐某不在案，法院应当向唐某的近亲属送达起诉状副本

   D. 如果检察院没有提起没收唐某违法所得的申请，法院只能就唐某的刑事责任作出判决

2. 李某因组织、领导恐怖活动罪被 M 市公安机关立案，侦查期间，李某逃往境外，M 市检察院依法向 M 市中级法院提起公诉，法院对李某的案件进行缺席审判。下列说法正确的是？（　　）（模拟题）

   A. 李某经追逃 1 年以上不到案的，M 市公安机关可移送 M 市检察院起诉

   B. 如果李某及其近亲属没有委托辩护人，法院可以通知法律援助机构指派律师为其提供辩护

   C. 法院作出缺席判决后，李某的妻子可以提出上诉

   D. 传票和起诉书副本送达后，被告人未按要求到案的，法院可以开庭审理

3. 常某因受贿逃往境外，法院按照缺席审判程序进行审理，判决生效后常某被引渡回国，关于本案的处理，下列说法正确的是？（　　）（模拟题）

   A. 法院应当重新审理

   B. 法院应当将常某交付执行刑罚

   C. 交付执行刑罚前，法院应当告知常某有权对判决、裁定提出异议

   D. 常某对判决、裁定提出异议的，法院可以重新审理

参考答案及解析

1. 【答案】A

   【解析】按照《刑事诉讼法》第 291 条的规定：“对于贪污贿赂犯罪案件，以及需要及时进行审判，经最高人民检察院核准的严重危害国家安全犯罪、恐怖活动犯罪案件，犯罪嫌疑人、被告人在境外，监察机关、公安机关移送起诉，人民检察院认为犯罪事实已经查清，证据确实、充分，依法应当追究刑事责任的，可以向人民法院提起公诉。人民法院进行审查后，对于起诉书中有明确的指控犯罪事实，符合缺席审判程序适用条件的，应当决定开庭审判。前款案件，由犯罪地、被告人离境前居住地或者最高人民法院指定的中级人民法院组成合议庭进行审理。”由于法院应当开庭审理案件，检察院自然应当派员出庭，A 正确。B 错误，审判法院有三个选择，B 表述绝对化了。按照《刑事诉讼法》第 292 条的规定：“人民法院应当通过有关国际条约规定的或者外交途径提出的司法协助方式，或者被告

人所在地法律允许的其他方式，将传票和人民检察院的起诉书副本送达被告人。传票和起诉书副本送达后，被告人未按要求到案的，人民法院应当开庭审理，依法作出判决，并对违法所得及其他涉案财产作出处理。”由此可见，C、D均错误。本题答案是A。

2. 【答案】C

【解析】按照《刑事诉讼法》第291条的规定：“对于贪污贿赂犯罪案件，以及需要及时进行审判，经最高人民检察院核准的严重危害国家安全犯罪、恐怖活动犯罪案件，犯罪嫌疑人、被告人在境外，监察机关、公安机关移送起诉，人民检察院认为犯罪事实已经查清，证据确实、充分，依法应当追究刑事责任的，可以向人民法院提起公诉。”A错误，恐怖活动犯罪案件犯罪嫌疑人在境外的，需要经过最高检察院的核准，才能依法移送审查起诉。按照《刑事诉讼法》第293条的规定：“人民法院缺席审判案件，被告人有权委托辩护人，被告人的近亲属可以代为委托辩护人。被告人及其近亲属没有委托辩护人的，人民法院应当通知法律援助机构指派律师为其提供辩护。”可见，缺席审判实行的是强制指派辩护，所以，B错误。按照《刑事诉讼法》第294条的规定：“人民法院应当将判决书送达被告人及其近亲属、辩护人。被告人或者其近亲属不服判决的，有权向上一级人民法院上诉。辩护人经被告人或者其近亲属同意，可以提出上诉。人民检察院认为人民法院的判决确有错误的，应当向上一级人民法院提出抗诉。”可见，C正确。按照《刑事诉讼法》第292条的规定：“传票和起诉书副本送达后，被告人未按要求到案的，人民法院应当开庭审理。”可见，D错误，不是“可以”开庭审理，而是“应当”开庭审理。本题答案是C。

3. 【答案】BC

【解析】按照《刑事诉讼法》第295条的规定：“在审理过程中，被告人自动投案或者被抓获的，人民法院应当重新审理。罪犯在判决、裁定发生法律效力后到案的，人民法院应当将罪犯交付执行刑罚。交付执行刑罚前，人民法院应当告知罪犯有权对判决、裁定提出异议。罪犯对判决、裁定提出异议的，人民法院应当重新审理。”由此可见，A、D错误；B、C正确。判决已经生效就不存在应当重新审理，A错误；D错在，如果提出异议，是“应当”而非“可以”重新审理。本题答案是B、C。

第二十三章　犯罪嫌疑人、被告人逃匿、死亡案件违法所得的没收程序

1. 李某（女）家住甲市，系该市某国有公司会计，涉嫌贪污公款500余万元，被甲市检察院提起公诉，甲市中级法院受理该案后，李某脱逃，下落不明。关于李某脱逃后的诉讼程序，下列选项正确的是？（　　）（模拟题）

A. 李某脱逃后，法院可中止审理

B. 在通缉李某一年不到案后，甲市检察院可向甲市中级法院提出没收李某违法所得的申请

C. 李某的近亲属只能在6个月的公告期内申请参加诉讼

D. 在审理没收违法所得的案件过程中，李某被抓捕归案的，法院应裁定终止审理

2. A市原副市长马某，涉嫌收受贿赂2000余万元。为保证公正审判，上级法院指令与本案无关的B市中级法院一审。B市中级法院受理此案后，马某突发心脏病不治身亡。关于此案处理，下列哪一选项是错误的？（　　）（2014－2－41，单选）

A. 应当由法院作出终止审理的裁定，再由检察院提出没收违法所得的申请

B. 应当由B市中级法院的同一审判组织对是否没收违法所得继续进行审理

C. 如裁定没收违法所得，而马某妻子不服的，可在5日内提出上诉

D. 如裁定没收违法所得，而其他利害关系人不服的，有权上诉

3. 下列哪一选项不属于犯罪嫌疑人、被告人逃匿、死亡案件违法所得没收程序中的“违法所得及其他涉案财产”？（　　）（2014－2－42，单选）

A. 刘某恐怖活动犯罪案件中从其住处搜出的管制刀具

B. 赵某贪污案赃款存入银行所得的利息

C. 王某恐怖活动犯罪案件中制造爆炸装置使用的所在单位的仪器和设备

D. 周某贿赂案受贿所得的古玩

4. 关于犯罪嫌疑人、被告人逃匿、死亡案件违法所得的没收程序，下列哪一说法是正确的？（　　）（2012－2－38，单选）

A. 贪污贿赂犯罪案件的犯罪嫌疑人潜逃，通缉1年后不能到案的，依照《刑法》规定应当追缴其违法所得及其他涉案财产的，公安机关可以向法院提出没收违法所得的申请

B. 在A选项所列情形下，检察院可以向法院提出没收违法所得的申请

C. 没收违法所得及其他涉案财产的申请，由犯罪地的基层法院组成合议庭进行审理

D. 没收违法所得案件审理中，在逃犯罪嫌疑人被抓获的，法院应当中止审理

参考答案及解析

1. 【答案】ABD

【解析】按照《刑事诉讼法》第206条规定：“在审判过程中，有下列情形之一，致使案

件在较长时间内无法继续审理的，可以中止审理：被告人脱逃的。”由此可见，A正确。按照《刑事诉讼法》第298条规定：“对于贪污贿赂犯罪、恐怖活动犯罪等重大犯罪案件，犯罪嫌疑人、被告人逃匿，在通缉一年后不能到案，或者犯罪嫌疑人、被告人死亡，依照刑法规定应当追缴其违法所得及其他涉案财产的，人民检察院可以向人民法院提出没收违法所得的申请。”由此可见，B正确。按照《刑事诉讼法》第299条第2款规定：“人民法院受理没收违法所得的申请后，应当发出公告。公告期间为六个月。”另外，《高法解释》第513条第3款规定：“犯罪嫌疑人、被告人的近亲属和其他利害关系人在公告期满后申请参加诉讼，能够合理说明原因，并提供证明申请没收的财产系其所有的证据材料的，人民法院应当准许。”由此可见，C错误，表述过于绝对，忽略了特殊情形。按照《刑事诉讼法》第301条第1款规定：“在审理过程中，在逃的犯罪嫌疑人、被告人自动投案或者被抓获的，人民法院应当终止审理。”可见，D正确。本题答案是A、B、D。

2. 【答案】B

【解析】按照《高法解释》第520条第1款规定：“在审理案件过程中，被告人死亡或者脱逃，符合《刑事诉讼法》第298条第1款规定的，人民检察院可以向人民法院提出没收违法所得的申请。在审判阶段被告人死亡后，法院应首先作出终止审理的裁定，然后由检察院提出没收违法所得的申请。”由此可见，A表述正确，不符合题意。按照《高法解释》第520条第2款规定：“人民检察院向原受理案件的人民法院提出申请的，可以由同一审判组织依照本章规定的程序审理。”因此，B表述错误，错在“应当”，法条规定的是“可以”由同一审判组织依照本章规定的程序审理，B符合题意。按照《高法解释》第517条规定：“对没收违法所得或者驳回申请的裁定，犯罪嫌疑人、被告人的近亲属和其他利害关系人或者人民检察院可以在5日内提出上诉、抗诉。”因此，C、D表述正确，不符合题意。本题选答案是B。

3. 【答案】C

【解析】按照《高法解释》第509条规定：“实施犯罪行为所取得的财物及其孳息，以及被告人非法持有的违禁品、供犯罪所用的本人财物，应当认定为刑事诉讼法第280条第一款规定的‘违法所得及其他涉案财产’。”由此可见，A、B、D均可以没收，C不是违法所得及其孳息，不得予以没收。本题答案是C。

4. 【答案】B

【解析】按照《刑事诉讼法》第298条规定：“对于贪污贿赂犯罪、恐怖活动犯罪等重大犯罪案件，犯罪嫌疑人、被告人逃匿，在通缉一年后不能到案，或者犯罪嫌疑人、被告人死亡，依照刑法规定应当追缴其违法所得及其他涉案财产的，人民检察院可以向人民法院提出没收违法所得的申请。公安机关认为有前款规定情形的，应当写出没收违法所得意见书，移送人民检察院。”根据这一规定，公安机关无权直接向法院提出没收违法所得的申请，A错误，B正确。按照《刑事诉讼法》第299条第1款规定：“没收违法所得的申请，由犯罪或者犯罪嫌疑人、被告人居住地的中级人民法院组成合议庭进行审理。”由此可见，C错误。按照《刑事诉讼法》第301条第1款规定：“在审理过程中，在逃的犯罪嫌疑人、被告人自动投案或者被抓获的，人民法院应当终止审理。”可见，D错误。本题答案是B。

第二十四章　依法不负刑事责任的精神病人的强制医疗程序

1. 甲在公共场所实施暴力行为，经鉴定为不负刑事责任的精神病人，被县法院决定强制医疗。甲父对决定不服向市中级法院申请复议，市中级法院审理后驳回申请，维持原决定。关于本案处理，下列哪一选项是正确的？（　　）（2017－2－41，单选）

   A. 复议期间可暂缓执行强制医疗决定，但应采取临时的保护性约束措施

   B. 应由公安机关将甲送交强制医疗

   C. 强制医疗 6 个月后，甲父才能申请解除强制医疗

   D. 申请解除强制医疗应向市中级法院提出

2. 甲将乙杀害，经鉴定甲系精神病人，检察院申请法院适用强制医疗程序。关于本案，下列哪一选项是正确的？（　　）（2016－2－42，单选）

   A. 法院审理该案，应当会见甲

   B. 甲没有委托诉讼代理人的，法院可通知法律援助机构指派律师担任其诉讼代理人

   C. 甲出庭的，应由其法定代理人或诉讼代理人代为发表意见

   D. 经审理发现甲具有部分刑事责任能力，依法应当追究刑事责任的，转为普通程序继续审理

3. 依法不负刑事责任的精神病人的强制医疗程序是一种特别程序。关于其特别之处，下列哪一说法是正确的？（　　）（2015－2－42，单选）

   A. 不同于普通案件奉行的不告不理原则，法院可未经检察院对案件的起诉或申请而启动这一程序

   B. 不同于普通案件审理时被告人必须到庭，可在被申请人不到庭的情况下审理并作出强制医疗的决定

   C. 不同于普通案件中的抗诉或上诉，被决定强制医疗的人可通过向上一级法院申请复议启动二审程序

   D. 开庭审理时无需区分法庭调查与法庭辩论阶段

4. 公安机关在案件侦查中，发现打砸多辆机动车的犯罪嫌疑人何某神情呆滞，精神恍惚。经鉴定，何某属于依法不负刑事责任的精神病人。关于公安机关对此案的处理，下列哪一选项是正确的？（　　）（2013－2－41，单选）

   A. 写出强制医疗意见书，移送检察院向法院提出强制医疗申请

   B. 撤销案件，将何某交付其亲属并要求其积极治疗

   C. 移送强制医疗机构对何某进行诊断评估

   D. 何某的亲属没有能力承担监护责任的，可以采取临时的保护性约束措施

5. 法院受理叶某涉嫌故意杀害郭某案后，发现其可能符合强制医疗条件。经鉴定，叶某属于依法不负刑事责任的精神病人，法院审理后判决宣告叶某不负刑事责任，同时作出对叶某强制医疗的决定。关于此案的救济程序，下列哪一选项是错误的？（　　）（2013－2

—42，单选）

A. 对叶某强制医疗的决定，检察院可以提出纠正意见

B. 叶某的法定代理人可以向上一级法院申请复议

C. 叶某对强制医疗决定可以向上一级法院提出上诉

D. 郭某的近亲属可以向上一级法院申请复议

6. 犯罪嫌疑人刘某涉嫌故意杀人被公安机关立案侦查。在侦查过程中，侦查人员发现刘某行为异常。经鉴定，刘某属于依法不负刑事责任的精神病人，需要对其实施强制医疗。请回答第（1）～（2）题。（2012—295～96，不定项）

（1）关于有权启动强制医疗程序的主体，下列选项正确的是（　　）

A. 公安机关　　B. 检察院

C. 法院　　D. 刘某的监护人、法定代理人以及受害人

（2）法院审理刘某强制医疗一案，下列做法不符合法律规定的是（　　）

A. 由审判员和人民陪审员共3人组成合议庭

B. 鉴于刘某自愿放弃委托诉讼代理人，法院只通知了刘某的法定代理人到场

C. 法院认为刘某符合强制医疗的条件，依法对刘某作出强制医疗的裁定

D. 本案受害人不服法院对刘某强制医疗裁定，可申请检察院依法提起抗诉

参考答案及解析

1. 【答案】B

【解析】按照《高法解释》第536条规定：“被决定强制医疗的人、被害人及其法定代理人、近亲属对强制医疗决定不服的，可以自收到决定书之日起五日内向上一级人民法院申请复议。复议期间不停止执行强制医疗的决定。”由此可见，A错误。按照《高法解释》第535条的规定：“人民法院决定强制医疗的，应当在作出决定后五日内，向公安机关送达强制医疗决定书和强制医疗执行通知书，由公安机关将被决定强制医疗的人送交强制医疗。”由此可见，B正确。按照《刑事诉讼法》第306条第2款规定：“被强制医疗的人及其近亲属有权申请解除强制医疗。”可见，申请解除强制医疗并未6个月的时间规定，C错误。按照《高法解释》第540条第1款规定：“被强制医疗的人及其近亲属申请解除强制医疗的，应当向决定强制医疗的人民法院提出。”由此可见，D错误。本题答案是B。

2. 【答案】A

【解析】按照《高法解释》第529条规定：“审理强制医疗案件，应当组成合议庭，开庭审理。但是，被申请人、被告人的法定代理人请求不开庭审理，并经人民法院审查同意的除外。审理人民检察院申请强制医疗的案件，应当会见被申请人。”由此可见，A正确。按照《刑事诉讼法》第304条规定：“人民法院受理强制医疗的申请后，应当组成合议庭进行审理。人民法院审理强制医疗案件，应当通知被申请人或者被告人的法定代理人到场。被申请人或者被告人没有委托诉讼代理人的，人民法院应当通知法律援助机构指派律师为其提供法律帮助。”由此可见，B错误。按照《高法解释》第530条的规定：“被申请人要求出庭，人民法院经审查其身体和精神状态，认为可以出庭的，应当准许。

出庭的被申请人，在法庭调查、辩论阶段，可以发表意见。检察员宣读申请书后，被申请人的法定代理人、诉讼代理人无异议的，法庭调查可以简化。”由此可见，C错误。按照《高法解释》第531条的规定：“对申请强制医疗的案件，人民法院审理后，应当按照下列情形分别处理：被申请人具有完全或者部分刑事责任能力，依法应当追究刑事责任的，应当作出驳回强制医疗申请的决定，并退回人民检察院依法处理。”可见，D错误。本题答案是A。

3. **【答案】** B

【解析】 按照《刑事诉讼法》第303条第2款规定：“公安机关发现精神病人符合强制医疗条件的，应当写出强制医疗意见书，移送人民检察院。对于公安机关移送的或者在审查起诉过程中发现的精神病人符合强制医疗条件的，人民检察院应当向人民法院提出强制医疗的申请。人民法院在审理案件过程中发现被告人符合强制医疗条件的，可以作出强制医疗的决定。由此可见，法院不论是依申请启动强制医疗程序，还是自行启动的，都是因为检察院提出申请或者起诉的案件，A错误。按照《刑事诉讼法》第304条第2款规定：“人民法院审理强制医疗案件，应当通知被申请人或者被告人的法定代理人到场。”因此，B正确。按照《刑事诉讼法》第305条第2款规定：“被决定强制医疗的人、被害人及其法定代理人、近亲属对强制医疗决定不服的，可以向上一级人民法院申请复议。”不服决定只能是申请复议，不存在启动二审程序，C错误。按照《高法解释》第530条规定：“开庭审理申请强制医疗的案件，按照下列程序进行：（二）法庭依次就被申请人是否实施了危害公共安全或者严重危害公民人身安全的暴力行为、是否属于依法不负刑事责任的精神病人、是否有继续危害社会的可能进行调查；（三）法庭辩论阶段。”由此可见，强制医疗程序仍然区分法庭调查和法庭辩论，D错误。本题答案是B。

4. **【答案】** B

【解析】 按照《刑事诉讼法》第302条规定：“实施暴力行为，危害公共安全或者严重危害公民人身安全，经法定程序鉴定依法不负刑事责任的精神病人，有继续危害社会可能的，可以予以强制医疗。”本案中的何某打砸多辆机动车的行为，并非危害公共安全或者严重危害公民人身安全的暴力犯罪。由此可见，A、C、D错误，B正确。本题答案是B。

5. **【答案】** C

【解析】 按照《高法解释》第543条规定：“人民检察院认为强制医疗决定或者解除强制医疗决定不当，在收到决定书后二十日内提出书面纠正意见的，人民法院应当另行组成合议庭审理，并在一个月内作出决定。”由此可见，A表述正确，但不符合题意。按照《高法解释》第288条规定：“强制医疗机构应当定期对被强制医疗的人进行诊断评估。对于已不具有人身危险性，不需要继续强制医疗的，应当及时提出解除意见，报决定强制医疗的人民法院批准。被强制医疗的人及其近亲属有权申请解除强制医疗。”由此可见，BD表述正确，但不符合题意。按照《刑事诉讼法》第305条规定：“人民法院经审理，对于被申请人或者被告人符合强制医疗条件的，应当在一个月以内作出强制医疗的决定。被决定强制医疗的人、被害人及其法定代理人、近亲属对强制医疗决定不服的，可以向上一级人民法院申请复议。”由此可见，C表述错误，符合题意。本题答案是C。

6.（1）【答案】BC

【解析】按照《刑事诉讼法》第303条第2款规定："公安机关发现精神病人符合强制医疗条件的，应当写出强制医疗意见书，移送人民检察院。对于公安机关移送的或者在审查起诉过程中发现的精神病人符合强制医疗条件的，人民检察院应当向人民法院提出强制医疗的申请。人民法院在审理案件过程中发现被告人符合强制医疗条件的，可以作出强制医疗的决定。"由此可见，只有检察院，法院可以依法启动强制医疗的审理程序，B、C正确，A、D错误。本题答案是B、C。

（2）【答案】BCD

【解析】按照《刑事诉讼法》第304条第1款规定："人民法院受理强制医疗的申请后，应当组成合议庭进行审理。"由于一审合议庭可以由审判员组成，也可以由审判员和人民陪审员共同组成，可见，A表述正确，但不符合题意。按照《刑事诉讼法》第304条第2款规定："人民法院审理强制医疗案件，应当通知被申请人或者被告人的法定代理人到场。被申请人或者被告人没有委托诉讼代理人的，人民法院应当通知法律援助机构指派律师为其提供法律帮助。"由此可见，B做法不合法，符合题意。按照《刑事诉讼法》第305条第1款规定："人民法院经审理，对于被申请人或者被告人符合强制医疗条件的，应当在1个月以内作出强制医疗的决定。"由此可见，C做法不合法，符合题意，错在"裁定"，而应当是"决定"；按照《刑事诉讼法》第305条第2款规定："被决定强制医疗的人、被害人及其法定代理人、近亲属对强制医疗决定不服的，可以向上一级人民法院申请复议。"由此可见，D错误，不能向检察院申请，应直接向上一级人民法院申请复议。本题答案是B、C、D。

第二十五章　涉外刑事诉讼程序与司法协助制度

第一节　涉外刑事诉讼程序

W 国人约翰涉嫌在我国某市 A 区从事间谍活动被立案侦查并提起公诉。关于本案诉讼程序，下列哪一选项是正确的？（　　）（2017—2—42，单选）

A. 约翰可通过 W 国驻华使馆委托 W 国律师为其辩护

B. 本案由 A 区法院一审

C. 约翰精通汉语，开庭时法院可不为其配备翻译人员

D. 给约翰送达的法院判决书应为中文本

第二节　刑事司法协助

下列哪些案件适用涉外刑事诉讼程序？（　　）（2010—2—79，多选）

A. 在公海航行的我国货轮被索马里海盗抢劫的案件

B. 我国国内一起贩毒案件的关键目击证人在诉讼时身在国外

C. 陈某经营的煤矿发生重大安全事故后携款潜逃国外的案件

D. 我驻某国大使馆内中方工作人员甲、乙因看世界杯而发生斗殴的故意伤害案件

参考答案及解析

第一节　涉外刑事诉讼程序

【答案】 D

【解析】 按照《高法解释》第 402 条第 1 款规定："外国籍被告人委托律师辩护，或者外国籍附带民事诉讼原告人、自诉人委托律师代理诉讼的，应当委托具有中华人民共和国律师资格并依法取得执业证书的律师。"由此可见，A 错误。间谍案属于危害国家安全案件，应由中级人民法院管辖，可见，B 错误。按照《高法解释》第 401 第 1 款规定："人民法院审判涉外刑事案件，使用中华人民共和国通用的语言、文字，应当为外国籍当事人提供翻译。"由此可见，C 错误。按照《高法解释》第 401 条的规定："人民法院的诉讼文书为中文本。外国籍当事人不通晓中文的，应当附有外文译本，译本不加盖人民法院印章，以中文本为准。外国籍当事人通晓中国语言、文字，拒绝他人翻译，或者不需要诉讼文书外文译本的，应当由其本人出具书面声明。"由此可见，D 正确。本题答案是 D。

第二节　刑事司法协助

【答案】 ABC

【解析】 涉外刑事诉讼程序，是指诉讼活动涉及外国人或需要在国外进行的刑事诉讼所特有的方式、方法和步骤。按照涉外刑事诉讼程序处理的案件，既包括当事人具有涉外因素的涉外刑事案件，也包括案件性质不是涉外刑事案件，但是，部分刑事诉讼活动适用涉外刑事诉讼程序，如司法协助。按照《高法解释》392条规定："本解释所称的涉外刑事案件是指：（一）在中华人民共和国领域内，外国人犯罪的或者我国公民侵犯外国人合法权利的刑事案件；（二）符合刑法第七条、第十条规定情形的我国公民在中华人民共和国领域外犯罪的案件；（三）符合刑法第八条、第十条规定情形的外国人对中华人民共和国国家或者公民犯罪的案件；（四）符合刑法第九条规定情形的中华人民共和国在所承担国际条约义务范围内行使管辖权的案件。"由此可见，A、B、C均属于适用涉外刑事诉讼程序的案件。在中国驻某国大使馆内的犯罪视为在中国领域内犯罪，而且双方当事人均为中国公民，不适用涉外刑事诉讼程序，因此，D错误。本题答案是A、B、C。